Bereits in der Reihe 3–5–8–Minutengeschichten erschienen:

Komm wir kuscheln, komm wir träumen
Lass uns kichern, lachen, albern sein
Ritter und Piraten auf wilden Kaperfahrten
Kuschelstern und Mondenschein
Wunder, Wünsche, Abenteuer
Freunde, Glück und gute Laune
Matsch, Patsch, Kindergartenquatsch

Neuausgabe
1. Auflage
© 2021 Dressler Verlag GmbH, Max-Brauer-Allee 34, 22765 Hamburg
ellermann im Dressler Verlag · Hamburg
Alle Rechte vorbehalten
Die Originalausgabe erschien 2014 unter dem Titel
»Drei-Fünf-Acht-Minutengeschichten für kleine Abenteurer«.
Einband und farbige Illustrationen von Barbara Korthues
Druck und Bindung: Livonia Print SIA,
Jurkalnes iela 15/25, LV-1046 Riga, Lettland
Printed 2021
ISBN 978-3-7514-0045-9

www.ellermann.de

Sandra Grimm

Wunder, Wünsche, Abenteuer

Mit Bildern von Barbara Korthues

ellermann im Dressler Verlag GmbH · Hamburg

Inhalt

3-Minuten-Geschichten

Ein Traum in Hellblau   10
Mit dem Taxi zum Fußball   14
Das glaubt kein Schwein!   18
Jeden Tag ein kleines Abenteuer   22
Jolin und der geheimnisvolle Laden   26
Ein Kuss für den Schneekerl   30
Papa ist der Größte!   34
Die Hekto-Mega-Geheimwaffe   38
Das süßeste Zimmer der Welt   43

5-Minuten-Geschichten

Ach, nur ein kleines Abenteuer   50
Die unglaubliche Mondreise   56
Als Lasse Oma Lollos Geheimnis entdeckte   62
Hinterm Stadtparksee rechts   68
Man kann nie wissen …   74
Dreißig blaue Fingerchen   80
Die Wunder-Kaugummis   86

8-Minuten.-Geschichten

Zur Teestunde bei Madam Zunderfünkle   94
Großer Anton, ganz klein   103
Das Geheimnis des Straßenmalers   112
Ein gar nicht so gefährliches und
ziemlich zahmes Haustier   121
Lucia und das geheime Leuchten in der Tiefsee   130

3-Minuten-Geschichten

Ein Traum in Hellblau 10

Mit dem Taxi zum Fußball 14

Das glaubt kein Schwein! 18

Jeden Tag ein kleines Abenteuer 22

Jolin und der geheimnisvolle Laden 26

Ein Kuss für den Schneekerl 30

Papa ist der Größte! 34

Die Hekto-Mega-Geheimwaffe 38

Das süßeste Zimmer der Welt 43

3 Minuten

Ein Traum in Hellblau

Es war ein regnerischer Tag, als Maja sich zum Malen an den Küchentisch setzte. Hinter ihr klapperte Papa mit Töpfen und Kochlöffeln. Gleich würde es Mittagessen geben.

»Maja, kannst du bitte die Teller auf den Tisch stellen?«, fragte er.

»Gleich«, sagte Maja. Sie nahm ein Blatt und zeichnete los. Zwei Arme, zwei Beine. Dazwischen ein blaues Kleid. Dann malte sie vier Flügel. Nun noch das Gesicht. Eine spitze Nase, große Ohren und ein lustiges Hütchen auf die blauen Haare … Was für eine hübsche Fee! Maja nahm ein bisschen Glitzerkleber und strich ihn über die Flügelchen.

Es klingelte an der Haustür.

»Ich geh schon«, sagte Papa.

Maja nickte. Sie sah auf ihre blaue Fee, die wirklich hübsch aussah. Wie ihre Flügel glitzerten und zitterten … Moment mal. Die Flügel zitterten? Maja beugte sich über das Blatt. Tatsächlich, da wackelte etwas! Maja senkte den Kopf noch tiefer. Da zwickte ihr plötzlich jemand kräftig in die Nase.

»Autsch!«, rief Maja erschrocken.

»Was kommst du auch so dicht ran!«, schimpfte eine helle Stimme. »Du zerdrückst mich ja!«

Maja starrte auf den Tisch. Wo eben noch ihre hübsche Zeichnung war, stand nun eine echte kleine Fee!

»Wie ist denn das passiert?«, rief Maja erstaunt.

Die Fee kicherte. »Na, wie schon? Du hast mich doch gemalt.« Sie tanzte ein bisschen über das Blatt. Dann schüttelte sie ihre Flügelchen und flatterte. Schon schwebte sie in die Höhe.

»Gut machst du das!«, sagte Maja staunend.

Die Fee lächelte geschmeichelt. »Und du kannst gut malen«, sagte sie. Dann schaute sie Maja bittend an: »Malst du mir noch etwas?«

Maja nickte und nahm sofort ihren rosa Stift in die Hand. Doch die Fee schüttelte den Kopf.

»Nein, lieber hellblau, bitte. Das ist meine Lieblingsfarbe. Malst du mir bitte ein Schloss?«

3 Minuten

Maja freute sich. Hellblau war auch ihre Lieblingsfarbe! Sie malte der Fee ein wunderschönes Schloss. Mit vier Türmen, runden Dächern, hohen Fenstern und einer riesigen Tür. Um das Schloss herum malte sie einen grünen See mit Schwänen und Seerosen. Eine lange goldene Brücke führte über den See zum Schloss. Maja legte den Stift zur Seite. Gespannt sah sie die Fee an.

»Gefällt es dir?«

Die kleine Fee klatschte vor Freude in die Hände. »Was für hübsche Fenster! In diesem Türmchen wird mein Schlafzimmer sein. Hier das Lesezimmer und dort die Werkstatt. Vielen, vielen Dank!«

Sie flog ganz nah an Majas Gesicht heran. Dann nahm sie Majas Nase zwischen die Hände und drückte ihr einen kribbelnden Kuss auf die Nasenspitze. Maja musste kichern.

Da kam Papa zurück. »Das war der Schornsteinfeger«, brummte er. »Jetzt sind die Nudeln bestimmt klitscheweich.«

Maja drehte sich zu ihm um. »Komm mal, Papa, schau dir das an!«

Papa kam herüber, und gemeinsam sahen sie auf Majas Zeichnung.

»Wundervoll«, lobte Papa. »Da würde ich sofort einziehen!«

»Aber da zieht doch schon die Fee ein«, sagte Maja. Sie sah sich suchend um. Wo war die nur?

»Welche Fee?«, fragte Papa.

»Die eben noch hier war …« Plötzlich sah Maja ein Glitzern. Hinter einem der Schlossfenster zuckte ein glänzender Flügel. Maja lächelte. Die Fee war also schon eingezogen!

»Ach, schon gut«, sagte Maja zu Papa.

Dann lief sie in ihr Zimmer und hängte das Bild über ihr Bett. Wer weiß, vielleicht würde die Fee ja eines Tages wiederkommen und sie mal mit in ihr Schloss nehmen?

3 Minuten

Mit dem Taxi zum Fußball

Es war ein sonniger Tag, als Leon im Vorgarten Fußball gegen sich selbst spielte. Er schoss den Ball vorwärts, rannte dann zum Tor und versuchte, den Ball zu halten. Das klappte natürlich nicht. Aber Leon versuchte es wieder und wieder. Schließlich gab er auf.

Er seufzte. In seiner Straße war es einfach zu langweilig. Er war der einzige kleine Junge hier. Aber er durfte nicht allein die Straße hinauflaufen. Dabei gab es am Ende der Straße einen Fußballplatz. Da waren immer Kinder, auch seine Freundin Hannah. Wie gerne würde er jetzt da hingehen!

Leon ließ sich ins Gras plumpsen und schaute in die Wolken. Eine der Wolken sah aus wie ein Fußball. Die daneben sah ein bisschen aus wie eine Giraffe. Ja, genau wie die Giraffe, die sich jetzt zu Leon über den Zaun beugte …

Leon sprang auf. Eine Giraffe beugte sich über den Zaun?

Genau so war es. Eine riesige Giraffe senkte ihren Hals und knabberte die Gänseblümchen vom Rasen. Leon starrte sie an. Das große Tier hob den Kopf und schaute zurück. Ganz still hielt es. Da wagte Leon, ihm zart die Nase zu streicheln. Die Giraffe bewegte sich nicht. Dann zuckte ihre Nase plötzlich, und sie nieste. Hatschi! Leon zuckte zurück. Dann lachte er. Die Giraffe lächelte. Dachte Leon. Aber das konnte doch nicht sein, oder?

Plötzlich packte die Giraffe Leon von hinten an der Jacke. Während Leon noch überlegte, ob sie ihn oder nur seine Jacke fressen wollte, hob sie ihn hoch und setzte ihn auf ihren Rücken. Erschrocken klammerte Leon sich an ihrem Hals fest. Meine Güte, war das hoch! Und nun trabte die Giraffe auch noch los! Leon wackelte und schaukelte fürchterlich hin und her. Dann gewöhnte er sich langsam an

3 Minuten

3 Minuten

das Schuckeln. Fröhlich schaute er sich um. Die Giraffe trottete langsam bis zum Ende der Straße. Dort hielt sie an und setzte Leon auf den Boden. Gleich neben dem Fußballplatz.

Alle Kinder, die auf dem Fußballplatz waren, standen hinter dem Zaun und starrten Leon an. Dann starrten sie der Giraffe hinterher. Dann wieder zu Leon.

»Ist das deine?«, fragte Hannah.

Leon zuckte mit den Schultern. »Nö, die gehört sich selbst. War nur mein Taxi.«

Hannah lachte und fragte: »Spielst du mit uns Fußball?«

Und ob! Eine ganze Stunde spielte Leon Fußball. Er kickte und rannte und schoss vier Tore. Danach stand er im Tor und hielt vierzehn Bälle. Die anderen Kinder jubelten ihm zu.

Auf einmal rief Hannah: »Da kommt dein Taxi!«

Blitzschnell rannte Leon zum Ausgang. »Tschüss, Leute, bis morgen!«, rief er, als die Giraffe ihn auf ihren Rücken hob.

Gemütlich zockelten sie die Straße hinunter zu Leons Haus. Die Giraffe setzte ihn im Garten ab, nieste einmal kurz und lief im Galopp davon.

»Danke!«, rief Leon ihr nach.

Als Mama aus der Tür kam und fragte, ob er einen schönen Nachmittag gehabt hatte, strahlte Leon.

»Na klar«, sagte er.

Mama sah ihn streng an: »Du bist doch nicht allein die Straße hochgelaufen?«

Leon schüttelte den Kopf: »Nein, bin ich nicht.«

Und das war die reine Wahrheit.

3 Minuten

3 Minuten

Das glaubt kein Schwein!

Es war ein ruhiger Frühlingsabend, als Serkan noch einmal den dämmrigen Weg entlang zum Hühnerstall lief.

»Ich schau nur kurz, ob die Hennen noch ein Ei gelegt haben«, hatte er seinen Eltern zugerufen. Dann war er durch die Terrassentür nach draußen geflitzt. Serkan liebte diese Ferien. Eine ganze Woche waren sie auf dem Bauernhof. Serkan durfte jeden Tag Eier suchen, Schafe füttern, Traktor fahren und Kühe melken. Ferien auf dem Bauernhof waren super!

3 Minuten

Als Serkan die Tür zum Hühnerstall öffnete, war es darin schon sehr still und dunkel. Die Hühner saßen auf ihren Stangen und schliefen. Schade, er hätte gern noch ein Huhn gestreichelt. Sachte schloss Serkan die Tür wieder. Aber vielleicht waren ja die Ferkel noch wach? Rasch huschte er zum Schweinestall hinüber. Auf dem Weg dorthin hörte er plötzlich Musik. Nanu, das kam ja aus dem Stall! Neugierig blinzelte Serkan hinein. Und riss die Augen auf. Was war denn hier los?

Laute Musik schallte durch den Stall, an der Decke drehte sich eine Discokugel und schickte blitzende Lichter übers Stroh. Genau in der Mitte, zwischen den Strohballen, tanzten die Schweine. Unglaublich!

3 Minuten

Leise machte Serkan die Tür hinter sich zu. Dann versteckte er sich hinter einem Balken und sah sich um. Sechs Schweine tanzten. Acht Schweine standen drum herum, klatschten und quiekten in den höchsten Tönen. Der dicke Eber stand auf einem alten Tisch und drehte am CD-Player. Schon erklang ein neues Lied: »Ich wollt, ich wäre ein Schwein, das wäre wirklich fein, lalalala …«

Serkan grinste. Plötzlich schubste ihn jemand nach vorn. Serkan drehte sich um: Hinter ihm standen feixend die kleinen Ferkel, die doch sonst immer so süß aussahen! Plötzlich stand Serkan genau vor den tanzenden und klatschenden Schweinen. Nur dass diese aufgehört hatten zu tanzen und zu klatschen. Es war mucksschweinchenstill im Stall. Da tat Serkan das Einzige, was ihm in diesem

Moment einfiel: Er hob die Hände in die Luft, wackelte mit dem Po und sang: »Ich wollt, ich wär ein Schwein ...«

Die Schweine jubelten. Der Eber drehte die Musik wieder an, und die anderen Schweine zogen Serkan in ihre Mitte. Serkan tanzte und lachte und sang. Es war ein Schweinespaß.

Bis plötzlich die Tür knarrend aufgerissen wurde. Bevor Serkan wusste, was geschah, fielen alle Schweine gleichzeitig auf den Boden. Dann stand sein Papa in der Stalltür. Serkan tanzte allein mitten zwischen den scheinbar schlafenden Schweinen. Die Musik war immer noch ohrenbetäubend laut, und die Discokugel jagte Blitzlichter durch den Stall.

»Serkan, bist du verrückt? So einen Krach hält doch kein Schwein aus. Dreh sofort die Musik leiser!«, rief sein Papa.

Aber Serkan konnte gar nichts machen. Er war viel zu überrascht. Während sein Papa die Musik ausmachte und die Discokugel stoppte, betrachtete er die Schweine. Da sah er es: Die Schweine lachten! Ab und zu zuckte hier ein Bein und da ein Ohr. Ein Ferkel zwinkerte ihm zu. Serkan grinste. Was für Schlawiner!

»Komm«, sagte Serkan. Er zog seinen kopfschüttelnden Papa aus dem Stall und schloss sorgfältig die Tür. »Lassen wir den Schweinen jetzt ihre Ruhe.«

Aber morgen, dachte er, morgen Abend komme ich ganz bestimmt wieder!

3 Minuten

Jeden Tag ein kleines Abenteuer

Es war ein heißer Tag, als Mattis mit dem Rad zum Kiosk des Campingplatzes fuhr. Eigentlich wollte Mattis an seinem ersten Ferientag ein Abenteuer erleben, aber Mama und Papa lagen im Zelt und schliefen. Mittagspause.

Mattis langweilte sich. Er stellte sein Rad an die Wand und lief zu dem kleinen Fenster.

Mist, der Kioskmann hatte auch Mittagspause. Mussten die Erwachsenen immerzu schlafen? Mattis setzte sich auf die Bank. Es war so heiß! Die Luft flimmerte vor seinen Augen. Die Straße vom Campingplatz sah dadurch aus wie Wasser. Dann lief etwas Rotes durch das Wasser.

Mattis kniff die Augen zusammen. Was war das denn? Er stand auf. Die Straße sah jetzt wieder aus wie eine Straße. Aber das rote Ding lief immer noch vorwärts. Es hatte sechs Beine und war ganz schön groß. Plötzlich erkannte Mattis es: Das war ein Krebs! Ein Riesenkrebs!

Mattis ging vorsichtig ein Stück näher. Der Krebs stoppte.

»Hast du dich verlaufen?«, fragte Mattis höflich. »Du gehörst doch ins Meer da unten. Was machst du denn hier?«

Der Krebs wackelte mit seiner Schere.

Mattis beschloss, dem Krebs zu helfen. Er musste ihn unbedingt ins Meer zurückbringen!

Das war allerdings nicht so einfach. Denn Mattis wollte

auf keinen Fall näher an das große Ding heran. Die Scheren sahen ganz schön gefährlich aus.

Mattis überlegte. Sollte er einen Erwachsenen holen? Nein, bis dahin wäre der Krebs sicherlich weg. Das hier musste er ganz allein schaffen. Und er hatte auch schon eine Idee.

Rasch holte er den Bollerwagen, der immer vorm Kiosk stand. »Ich leih den nur kurz aus«, flüsterte er. Obwohl ihn natürlich niemand hörte. Weit und breit war kein Mensch zu sehen.

Mattis schob den Bollerwagen nah an den Krebs heran. So nah er sich traute. Dann nahm er das hintere Brett heraus und legte es schräg an den Wagen.

»Hier, als Treppe«, sagte Mattis zum Krebs. »Hochklettern musst du aber schon allein.«

3 Minuten

Der Krebs krabbelte los. Erst vorsichtig, dann ziemlich schnell. Auf den Bollerwagen. Mattis zögerte kurz, ob er das Brett hinten wieder einstecken sollte – aber das wagte er nicht. Also nahm er den Griff des Wagens und zog. Durch das Tor, den Steinweg hinab. Über den langen Holzsteg bis zum Strand. Dann durch den trockenen Sand. Das war das Schwierigste. Nach einer Ewigkeit stand der Bollerwagen endlich am Wasser.

»So«, sagte Mattis. »Jetzt ab mit dir.«

Der Krebs kroch zur Seite, blieb dann aber stehen. »Na los«, ermutigte Mattis ihn. Und in diesem Moment sprang der Krebs hinab. Er strampelte kurz im Sand, dann eilte er ins Meer. Bevor er in den Wellen verschwand, schwenkte er noch einmal seine große Schere.

Mattis winkte.

Dann zog er den Bollerwagen zurück. Den Holzweg entlang, den Steinweg hinauf, durch das Tor. Er stellte den Wagen vor den Kiosk und flüsterte »Danke«. Da ging das Kioskfenster auf.

»Hallo, Mattis«, sagte der Kioskmann. »Langweilst du dich?«

Mattis schüttelte den Kopf.

»Nein, kein bisschen. Heute hatte ich schon ein tolles Abenteuer. Und morgen kommt das nächste.«

Dann kaufte er sich ein Eis und setzte sich auf die Bank. Um nichts zu verpassen. Wer wusste schon, was als Nächstes vorbeikommen würde …

3 Minuten

Jolin und der geheimnisvolle Laden

Es war ein hektischer Tag, als Jolin mit Mama durch die Stadt rennen musste. Sie rannten wirklich, weil Mama so viel erledigen wollte. Jolin klammerte sich an ihren Mantelzipfel, als sie zum sicher hundertsten Mal durch eine Ladentür traten. Doch diesmal war irgendetwas anders.

Die Türglocke bimmelte. Jolin sah nach oben. Über der Tür hing eine kleine goldene Glocke, die klingelte, wenn jemand die Tür öffnete oder schloss. Das hatte es bei den anderen Geschäften nicht gegeben. Es klang sehr schön.

Ruhig war es im Laden. Jolin atmete auf. Sie sah sich um. An den Wänden standen dunkelbraune Regale, die bis unter die Decke reichten. Jolin konnte nicht erkennen, was hier verkauft wurde, denn überall standen nur Schachteln. Große, kleine, bunte, unauffällige, eckige, runde, spitze. Was wohl darin war?

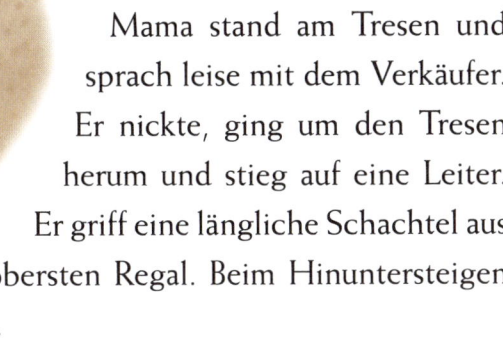

3
Minuten

Mama stand am Tresen und sprach leise mit dem Verkäufer. Er nickte, ging um den Tresen herum und stieg auf eine Leiter. Er griff eine längliche Schachtel aus dem obersten Regal. Beim Hintersteigen zwinkerte er Jolin zu.

Jolin schlich in den hinteren Teil des Ladens. Dort entdeckte sie zwischen zwei Regalen eine schmale Tür. Sie war nur angelehnt, Jolin konnte in den kleinen Raum dahinter spähen. Und was sie dort sah, ließ ihr Herz aufgeregt klopfen. Es glitzerte und zappelte, es wirbelte und schimmerte.

So leise sie konnte, schob Jolin sich durch den Türspalt. Sie drückte sich mit dem Rücken gegen die Wand und staunte. In dem kleinen Raum waren unzählige viereckige Kästen an der Wand. Jedes Kästchen war mit Nestern, Bettchen oder Kissen gepolstert. Darauf lagen, saßen, hüpften oder landeten winzige Wesen mit Flügeln. Auch durch die Luft schwirrten zahlreiche kleine Gestalten. Sie schillerten in den schönsten Regenbogenfarben, und beim Fliegen verstreuten sie feinen Glitzerstaub. Jolin wagte kaum zu atmen. Das mussten Feen sein! Wusch – eine grün schillernde Fee schwebte ganz nah vor ihrer Nase. Sie sah Jolin in die Augen. Dann lächelte sie und flog davon.

3 Minuten

Der feine Feenstaub kitzelte Jolin in der Nase. Sie rubbelte rasch ihren Nasenrücken, aber zu spät: »Hatschi!«, platzte es aus ihr heraus. Als Jolin die Augen wieder öffnete, war der Raum leer. Nicht wirklich leer natürlich, aber alle Feen lagen oder saßen in ihren Kästen und schauten sie erschrocken an. »Entschuldigung«, flüsterte Jolin.

Da kicherten die Feen. Schon flogen die mutigsten unter ihnen los, und bald schwirrte die Luft wieder vor Glitzer und Feenstaub.

»Jolin!«

Als sie die Stimme hörte, schob Jolin sich eilig wieder durch die Tür in den Laden zurück. Rasch ging sie zum Tresen.

»Vielen Dank noch einmal«, sagte ihre Mutter zum Verkäufer.

Der alte Mann nickte. Dann schaute er Jolin an. Sicher wusste er, wo sie gewesen war. Sie lächelte ihn zaghaft an. Die Augen des Mannes schauten sehr freundlich. »Komm bald wieder, ich kann immer Hilfe gebrauchen«, sagte er.

Jolin riss die Augen auf. »Wirklich?«

Der Mann nickte.

Strahlend sah Jolin ihn an. »Bis bald«, wisperte sie, dann hüpfte sie ihrer Mutter hinterher.

Klingeling!, machte die Türglocke. Und Jolin wusste, dass sie dieses Klingeln noch oft hören würde.

3 Minuten

Ein Kuss für den Schneekerl

Es war ein frostiger Tag, als Rosa auf dem eisigen Boden ausrutschte. Verflixt, das tat weh! Rosa rieb sich den Popo.

»Hohoho!«
Nanu? Wer lachte denn da? Das ist aber wirklich gemein, zu lachen, wenn jemand hinfällt.
»Hihihihihi!«
Rosa drehte sich um. Sie konnte niemanden sehen!
»Hahahaha!«
»Wer lacht denn da so?«, fragte Rosa.
»Na, ich!«
Es war der dicke Schneemann, den Rosa gestern neben dem Apfelbaum gebaut hatte! Er war genauso groß wie Rosa

und ganz und gar aus Schnee. Aus Schnee war er immer noch – nur stand er jetzt neben ihr. Wie konnte der denn laufen?

»Ich rutsche über den Schnee, schau«, sagte der Schneemann. Kichernd schob er sich ein Stück zur Seite.

Rosa pikte ihm in den dicken Schneebauch. War der auch wirklich aus Schnee? Schnee kann doch nicht reden!

»Hihihi, lass das!«, quiekte der Schneemann. Er wackelte so sehr, dass ihm beinahe Opas schicker Zylinderhut vom Kopf fiel, den Rosa ihm gestern aufgesetzt hatte.

»Du bist aber ein lustiger Schneekerl«, fand Rosa.

Der Schneemann lächelte. »Komm, wir machen zusammen was Spannendes!« Dann hüpfte er auf Rosas Schlitten.

3 Minuten

3 Minuten

»Soll ich dich etwa ziehen?«, fragte Rosa.

»Nee«, sagte der Schneemann. »Ich bin doch viel zu schwer! Setz dich zu mir!«

Rosa setzte sich vor den Schneemann auf den Schlitten. Da ging es auch schon los. Hui! Der Schlitten sauste über den Rasen und den Gartenweg entlang. Im letzten Moment sprang das Gartentor auf, dann sausten sie über den Bürgersteig. »Hilfe!«, rief Rosa erschrocken.

»Soll ich anhalten?«, fragte der Schneemann.

»Nein, fahr weiter!«, jubelte Rosa.

Sie brausten um die Ecke und über die Brücke zum Park. So schnell jagten sie an allen Spaziergängern vorüber, dass die gar nicht erkennen konnten, was da an ihnen vorbeiflog. Schon flitzte der Schlitten auf den Hügel mit dem Aussichtsturm.

Wie ein Blitz preschte er dreimal den Berg hinauf und hinunter. Dann sauste er wieder durch den Park, die Brücke entlang auf den Bürgersteig. Schließlich raste der Schlitten durch das Gartentor und bremste dann so plötzlich, dass Rosa und der Schneemann in hohem Bogen in den Schnee purzelten.

»Hihihi, hehehe, hohoho!«, kicherte der dicke Schneemann.

»He, Schneekerl, geht's dir gut?«, fragte Rosa erschrocken. Der Schneemann war nach dem Sturz vom Schlitten nur noch ein großer Haufen Schnee, die Knöpfe, der Hut, die Möhrennase – alles lag verstreut herum.

»Hahaha, ja, alles gut«, sagte er lachend. Der Schneehaufen zuckelte und zappelte, dann stand der Schneemann wieder da wie vorher. Nur die Nase war etwas schief.

»Du bist lustig, Schneekerl«, wisperte Rosa. Sie drückte ihm einen kleinen Kuss auf die kalte Schneemannwange.

Das Lächeln des Schneemannes wurde noch ein bisschen breiter, dann wisperte er: »Du musst jetzt rein. Bis morgen!« Im nächsten Augenblick stand er unbeweglich da und sah aus wie ein ganz normaler Schneemann.

»Na, Schatz?«, rief Papa zur Tür hinaus. »Hast du Hunger auf Abendbrot?«

»Na klar!« Rosa streichelte den Schneekerl noch einmal am Arm und hüpfte flink zum Haus. Heute wollte sie ganz bald schlafen, damit schnell wieder morgen war!

3 Minuten

Papa ist der Größte!

Es war ein stiller Tag, als Helen und Papa über die Autobahn fuhren. Sie wollten zu Oma Heidi. Leider dauerte das immer so lange! Helen hatte schon zwei Hexengeschichten und drei Lieder-CDs gehört. Außerdem hatte sie vier Bücher gelesen, zwei Lollis gelutscht, zwei Äpfel gegessen und fünfmal aus ihrer Trinkflasche getrunken. Jetzt starrte sie nur noch nach draußen. Da gab es nur grüne Wiesen, manchmal ein paar Häuser oder Kühe und viele Bäume.

»Es ist so langweilig«, jammerte Helen.

»Wir fahren nicht mehr lange«, meinte Papa.

Aber das sagte er immer. Dabei wusste Helen genau, dass es noch lange dauern würde.

»Kannst du nicht schneller fahren?«,

fragte Helen. Sie zappelte aufgeregt in ihrem Sitz herum. »Fahr mal so schnell, dass du alle überholst. Fast wie Fliegen! Machst du das?«

Ihr Papa lachte. »Aber Helen, ich bin doch kein Rennfahrer.«

Helen seufzte. Sie sah wieder nach draußen. Noch mehr Wiesen. Noch mehr Bäume. Noch mehr Kühe. Ach ...

Da bog Papa plötzlich ab. Er fuhr von der Autobahn herunter!

»Sind wir schon da?«, fragte Helen.

Papa schüttelte den Kopf. »Wir machen einen Abstecher. Hier, nimm!« Er reichte Helen einen Helm nach hinten. Sie setzte ihn auf.

Dann rief Papa: »Festhalten!«

Sie jagten durch einen stockdunklen Tunnel. Der Wagen wurde immer schneller. Als sie aus dem Tunnel herausschossen, rasten sie über eine Straße, die Helen noch nie gesehen hatte. Sie fuhren zwischen Autos, die Helen bekannt vorkamen ... hey, das waren Rennautos! Als Helen zur Seite blickte, waren da keine Kühe und Wiesen mehr, sondern viele, viele Menschen, die ihnen zujubelten. »Wir sind Rennfahrer!«, jauchzte Helen.

3 Minuten

Papa gab Gas. Er hielt das Lenkrad ganz fest. Mit seinem goldenen Helm sah er wie ein richtiger Rennfahrer aus.

»Los, Papa, wir gewinnen«, schrie Helen.

Sie fuhren jetzt hinter zwei Rennautos. Das rote überholten sie sofort. Aber das blaue Auto war wirklich schnell. Papa versuchte, es links zu überholen. Doch das blaue Auto machte keinen Platz. Sie mussten hinterherfahren. Hui, in die Kurve!

Helen wackelte in ihrem Sitz hin und her. Sie strahlte. »Jetzt«, rief sie, »überhol!«

Papa lenkte nach rechts. Er gab Gas und – sie überholten den blauen Rennwagen.

»Ja! Wir sind Erste!«, rief Helen. »Los, Papa, ins Ziel!«

Sie konnte die große Zielfahne schon erkennen. Sie jagten darauf zu und – fuhren durch das rote Band.

»Jippi! Erste! Wir haben gewonnen! Wir sind die Sieger!« Helen klatschte begeistert.

Papa schmunzelte. Er fuhr langsamer und setzte den Helm ab. Dann kamen sie wieder durch den Tunnel. Papa drehte eine Kurve, und bald waren sie zurück auf der Autobahn.

»Papa, du warst spitze«, lobte Helen und setzte den Helm ab.

Papa zwinkerte ihr zu. Helen sah noch eine Weile nach draußen, dann schlief sie ein.

Erst vorm Haus von Oma Heidi wachte sie wieder auf. Helen rieb sich die Augen, als Papa sie aus dem Kindersitz hob. Hatte sie das alles etwa nur geträumt?

Da entdeckte sie ein Stück rotes Band, das an der Antenne hängen geblieben war. Helen grinste. Dann rannte sie in Papas Arme und gab ihm einen dicken Siegerkuss.

3 Minuten

Die Hekto-Mega-Geheimwaffe

Es war ein wolkiger Tag, als Ritter Rufo Besuch vom König bekam. Rufo freute sich. Er war ein guter Ritter, sehr brav und ordentlich. Er lebte still und zufrieden vor sich hin in seiner Burg.

Der König aber war überhaupt nicht zufrieden: »Du bist viel zu ruhig. Du musst mal zu einem Turnier kommen. Ich weiß ja gar nicht, ob du noch gut kämpfen kannst. Meine Ritter müssen mich doch verteidigen können.«

Ritter Rufo seufzte. Er kämpfte nicht gern. »Ich mag keine Turniere«, sagte er und stöhnte.

Doch der König blieb streng: »Dann bring mir einen Drachen, den du selbst gefangen hast. Sonst darfst du kein königlicher Ritter mehr sein.«

Ritter Rufo sah dem König ärgerlich nach. Einen Drachen fangen. Wozu denn? Aber ihm blieb nichts anderes übrig, denn er war gerne Ritter.

Also machte sich Ritter Rufo auf ins Drachenland. Kaum war er dort angekommen, landete ein riesiger Hekto-Mega-Drache genau vor seiner Nase.

»ROARUARRR!«, machte der Drache. Seine dunkelblaue Drachenhaut schimmerte gruselig, und die großen Drachenaugen sahen den Ritter blitzend an.

»Ich werde dich fressen«, brüllte der Drache. Heißer

3 Minuten

Rauch kam aus seinem Rachen.

Ritter Rufo hustete. »Nein!«, rief er. »Ich bin ein Ritter des Königs und sehr gefährlich. Ich fang dich, wenn du nicht sofort brav bist.«

Der Drache lachte. »Hoharharhar!

3 Minuten

Du kleiner Wicht willst mir Angst einjagen? Mit deinem winzigen Schwert?«

Aber Ritter Rufo war ein schlauer Ritter. Er sagte: »Ich habe eine Geheimwaffe. Mit der kann ich jeden Drachen ganz leicht fangen.«

Der Drache hörte auf zu lachen. Misstrauisch sah er ihn an. »Was denn für eine Geheimwaffe?«

»Sag ich nicht«, fuhr Rufo fort. »Du tust mir nichts, dann tu ich dir nichts. Abgemacht?«

Der Drache zögerte. Dann fauchte er: »Na gut, abgemacht.«

Rufo war zufrieden. Er legte sich auf den Rücken und betrachtete die Wolken. Der Drache sah ihn verwirrt an, dann glotzte er nach oben.

»Schau mal«, rief Rufo plötzlich. »Die Wolke da sieht aus wie ein Drache!« Er sprang auf, nahm das lange Lasso von seinem Sattel und schleuderte es in die Luft. Zack! – hatte er die Wolke gefangen.

Verblüfft brummte der Drache: »Sag bloß, das ist deine Geheimwaffe.«

Ritter Rufo nickte grinsend. »Siehst du, man kann damit Drachen fangen«, sagte er. Dann fügte er schnell hinzu: »Aber du hast mir dein Ehrenwort gegeben, mir nichts zu tun!«

Der Drache seufzte. Die Ritter heutzutage waren viel zu schlau für ihn. »Jetzt muss ich schon wieder Karotten fressen, um satt zu werden«, jammerte er. »Immer nur Gemüse! Ein kleiner Ritter oder ein paar Rühreier wären mir lieber.«

Ritter Rufo sah ihn neugierig an. »Du magst Rührei?«

Der Drache nickte.

»Der König hat viele Hühner«, erklärte Rufo. »Ich könnte dir einen ganzen Wagen voller Eier holen«, meinte Rufo.

3 Minuten

Der Drache schnupperte aufgeregt. »Ein Wagen voller Eier?«

Rufo nickte. »Du müsstest allerdings am Seil hinter mir herlaufen. Sonst lässt der König mich nicht ins Schloss.«

Der Drache war einverstanden.

So kam es, dass Ritter Rufo mit einem riesigen Drachen zum Schloss kam. Der König erbleichte und rief: »Du bleibst Ritter für immer, versprochen. Aber bring den Drachen wieder weg!«

Ritter Rufo gehorchte. Mit einem Wagen voller Eier zog er mit dem Drachen davon. Der Drache blies die Eier mit einem gewaltigen Feuerstrahl zu Rührei. Dann futterte er drauflos. Natürlich gab er Ritter Rufo etwas ab – und bald wurden sie die besten Freunde.

Das süßeste Zimmer der Welt

3 Minuten

Es war ein finsterer Tag, an dem Jonne im Restaurant aus dem Fenster schaute. Draußen prasselte der Regen gegen die Scheiben. Jonne seufzte. Mit dem Essen waren sie längst fertig, aber Mama und Papa redeten und redeten. Er seufzte noch einmal.

Der Kellner kam an ihren Tisch. »Darf ich noch etwas bringen?«

»Ja, wir hätten gern noch zwei Kaffee«, sagte Mama.

Jonne stöhnte. Der Kellner lächelte ihn an. »Du kannst auch in unser Spielzimmer gehen, wenn dir langweilig ist.«

Jonne hob den Kopf. Der Kellner deutete auf eine blaue Tür gleich neben der Treppe zu den Toiletten. Mama und Papa nickten. Jonne flitzte los.

Er öffnete die Tür, lief zwei Schritte – und blieb stehen. Das war kein Spielzimmer, das war … eine ganz neue Welt! Jonne war plötzlich draußen. Die Sonne schien, die Vögel zwitscherten fröhlich …

3 Minuten

Vor Jonne lag ein kleiner brauner See. Jonne entdeckte auch ein Boot. Eigentlich war es eine riesige rote Tasse mit goldenem Rand. Jonne kletterte hinein. Mit dem kleinen Löffel ruderte er langsam über den See.

Jonne schnupperte. Irgendetwas roch hier ziemlich lecker. Er hob den Löffel hoch. Das Wasser klebte wie brauner Matsch daran. Aber das war kein Matsch, das war Schokolade! Vorsichtig probierte er: ja, wirklich, warme Schokolade! Jonne leckte den Löffel ab. Dann ruderte er weiter und stieg am anderen Ufer aus.

»Ein Schokoladensee«, sagte er kichernd. »Wo gibt's denn so was?«

Jonne lief ein paar Schritte auf dem Kiesweg. Die rosa Kieselsteine glitzerten in der Sonne. Jonne runzelte die Stirn. Rosa Kieselsteine? Er hob einen auf und steckte ihn in den Mund. Das war ein Bonbon!

Nun wurde Jonne neugierig: Er bückte sich und roch am Gras: grüne Gummischnüre! Die Blumen: Lutscher! Aufgeregt rannte Jonne herum: An den Bäumen hingen Äpfel aus

3 Minuten

Marzipan und Birnen aus weißer Schokolade. Lachend biss Jonne in einen Apfel. Hmm, sein Lieblingsmarzipan!

»Hier ist alles aus Süßkram«, flüsterte Jonne fasziniert. Sogar der Maulwurfshaufen, in den er mit seinem Finger ein Loch bohrte, war ein Schokoladenkuchen!

In diesem Moment fing es an zu schneien. Natürlich waren die Schneeflocken nicht aus Schnee. »Zuckerwatte!«, jubelte Jonne. Er tanzte im Kreis und versuchte, so viele Flocken wie möglich mit dem Mund zu schnappen. Kichernd fiel er ins Gummischnüre-Gras.

Da ertönte eine Lautsprecherdurchsage: »Jonne, bitte komm zum Schokoladenhafen zurück, deine Eltern möchten nach Hause.«

»Schade«, murmelte Jonne. Er kletterte wieder in die rote Tasse, ruderte über den Schokosee und stieg aus. Natürlich nicht, ohne ein letztes Mal das Ruder abzulecken.

Als er durch die Tür ins Restaurant kam, warteten seine Eltern schon auf ihn. Entsetzt starrten sie ihn an.

»Wie siehst du denn aus?«, fragte seine Mutter. Dann lachte sie. »Was auch immer du da gemacht hast, anscheinend hattest du viel Spaß.«

Jonne schaute an sich herunter: Seine Hände waren braun, seine Hose und sein Pullover voller grüner Gummischnüre und Zuckerwatteflocken. Er grinste. »Ja, war nicht schlecht«, sagte er zufrieden.

Der Kellner zwinkerte Jonne fröhlich zu: »Kommst du bald wieder?«

Jonne strahlte: »Ja, ganz bald!«

5-Minuten-Geschichten

Ach, nur ein kleines Abenteuer 50

Die unglaubliche Mondreise 56

Als Lasse Oma Lollos Geheimnis entdeckte 62

Hinterm Stadtparksee rechts 68

Man kann nie wissen ... 74

Dreißig blaue Fingerchen 80

Die Wunder-Kaugummis 86

Ach, nur ein kleines Abenteuer

Es war ein stürmischer Tag, als Koralla aus dem kleinen Bullauge ihrer Kajüte schaute. Draußen jagten die Wolken über den Himmel, und die Wellen schlugen hoch gegen das Schiff. Koralla lächelte. Sie liebte es, wenn der Wind das Schiff hin und her schaukeln ließ. Rasch zog sie den Piratenrock über ihren geringelten Schlafanzug und setzte sich das rosa Piratenkäppi auf. Dann kletterte sie über die Holzleiter an Deck.

»Hallo, Kapitänchen!«, rief Koralla und schlang ihrem Papa die Arme um den dicken Piratenbauch. Käpt'n Piet lachte.

»Na, Kleene? Willst du wieder deine Nase in den Wind halten?« Er drehte sich zu Koralla um. Sofort hörte er auf zu lächeln. Stirnrunzelnd zeigte er auf ihr rosa Käppi. »Setz doch um Neptuns willen dieses rosa Ding ab. Rosa ist keine Piratenfarbe!«

Koralla lachte und zog ihr Käppi noch fester auf den Kopf. »Ach, Papa, Piratinnen tragen so was halt! Ich weiß gar nicht, was du hast. Warum sollen Piraten denn kein Rosa mögen?«

Auf Käpt'n Piets Stirn bildete sich eine dicke Ärgerfalte. »Weil Rosa was für Angsthasen ist. Und für kleine, winzige Sachen. Und überhaupt – weil ich das sage. Ich bin ein gefürchteter Pirat, und siehst du irgendwo Rosa an mir? Nein!«

Koralla kicherte und warf ihm ein Kusshändchen zu. »Rosa Küsschen für dich!« Dann stellte sie sich an den Bug des Schiffes und hob den Kopf. Der Wind sauste um sie herum und wirbelte ihr die langen Haare um die Ohren. Wassertropfen spritzen ihr ins Gesicht. Koralla fing laut an zu singen: »Piratinnen sind die mutigsten Mäd-

chen, Piratinnen sind einmalig schlau, Piratinnen gibt's in jedem Städtchen …« Schwupp – in diesem Moment riss der Sturm ihr das rosa Käppi vom Kopf.

»He, Wind, gib das sofort zurück«, brüllte Koralla. »Aber auf der Stelle, sonst setzt es was!« Doch der Sturm heulte nur noch lauter und peitschte die Wellen so kräftig gegen das Piratenschiff, dass es beinahe umkippte.

»Glaubst du, ich habe Angst vor so einem kleinen Windchen?«, schrie Koralla. »Nein, ich nicht. Warte nur!« Sie kletterte auf die Reling, nahm Schwung und – wurde von ihrem Papa am Kragen auf das Schiff zurückgezogen.

»Koralla, beim Klabautermann, was soll denn der Unsinn?«, schimpfte Käpt'n Piet. »Wenn du ins Meer springst, können wir dich bei diesem Sturm niemals wieder herausfischen!«

Korallas Augen funkelten. »Tut mir leid, Kapitänchen. Aber dieser blöde Wind …« Sie zappelte an Käpt'n Piets hoch erhobenem Arm und boxte kräftig in die Luft. Käpt'n Piet schüttelte lächelnd den Kopf. »Ist doch gut, wenn das rosa Ding weg ist«, meinte er. »Ich sagte doch schon, dass Piraten und Piratinnen keine rosa Sachen haben sollten, weil …« Plötzlich wurde er blass und ließ den Arm sinken. »Seht nur, da, dada …«

Koralla befreite sich aus Käpt'n Piets Griff und stellte sich wieder an die Reling, um besser sehen zu können. Vor dem Schiff erhob sich etwas aus dem Meer. Etwas Großes. Etwas sehr Großes. Es war lila und hatte überall rosa Tupfen. Zuerst sah es aus wie eine Insel, dann kamen an den Seiten Arme aus dem Wasser. »Ein Ungeheuer!«, flüsterte Käpt'n Piet.

Koralla zählte: »Eins, zwei, drei, vier, fünf, sechs, sieben … sieben Arme. Das ist bestimmt ein Krake! Auch wenn noch ein Arm fehlt …« Koralla freute sich. Noch nie hatte sie einen Riesenkraken gesehen. Und erst recht keinen lila-rosanen. Käpt'n Piet duckte sich hinter der Reling.

»Der will uns bestimmt zum Frühstück knuspern«, sagte er mit zitternder Stimme.

»Ach Quatsch«, grinste Koralla. »Außerdem hast du gesagt, dass Rosa was für winzige, kleine Sachen ist. Vor so einem winzigen Kraken wirst du doch keine Angst haben?« Koralla winkte dem Kraken fröhlich. Und siehe da – der Krake winkte zurück! Mit eins, zwei, drei, vier, fünf, sechs, sieben, acht Armen.

Kapitän Piet plumpste auf seinen gefürchteten Piratenpo. »Hilfe!«, fiepte er leise.

»Schau mal, er hat doch acht Arme«, rief Koralla. Und dann jubelte sie: An der Spitze des achten Armes steckte ein kleines rosa Ding! »Mein Käppi! Er hat mein Käppi gefunden!«

Der Krake setzte sich das Käppi auf den großen Kopf – genau auf einen rosa Tupfen. Koralla grinste. »Das steht dir gut!«, schrie sie über die Wellen hinweg. Der Krake wackelte mit dem Kopf, dann nahm er das Käppi wieder ab und senkte seinen riesigen Arm langsam, gaaanz langsam zum Schiff hinab. Sachte ließ er das Käppi auf Korallas Kopf fallen.

»Danke, lieber Krake!«, sagte Koralla. Sie zog das Käppi fest über die Haare und warf Handküsschen in die Luft: eins, zwei, drei, vier, fünf, sechs, sieben, acht. Für jeden Arm eines.

Der Krake tauchte ab. Dabei entstand eine enorme Welle, die das ganze Schiff unter Wasser setzte. Dann war es still. Kein Wind, keine Wellen, kein Krake.

»Wa-wa-was war das?«, stotterte Käpt'n Piet.

Koralla lachte. »Ach, nur ein kleines, rosa Kraken-Abenteuer. Und jetzt hab ich Hunger.« Fröhlich lief sie am Kapitän vorbei, gab ihm ein kurzes Küsschen auf den dicken Bauch und hüpfte weiter in Richtung Kombüse. Dabei pfiff sie ein kleines Lied. Welches das war, möchtest du wissen? Natürlich das von den mutigen Piratenmädchen:

»Piratinnen sind die mutigsten Mädchen, Piratinnen sind einmalig schlau,

Piratinnen gibt's in jedem Städtchen, schaut doch nur mal ganz genau!«

Die unglaubliche Mondreise

Es war eine sternklare Nacht. Miranda konnte nicht einschlafen. Miranda konnte nie einschlafen. Sie fürchtete sich vor Monstern und Räubern und Tigern.

Darum saß Miranda jeden Abend auf einem dicken Kissen auf ihrer Fensterbank und schaute in den Himmel. Heute hatte sie Glück. Der Mond schien, und alle Sterne waren zu sehen. Darum war es ganz hell. Miranda winkte dem Mond zu.

Gerade als Miranda ins Bett klettern wollte, weil ihre Füße so kalt waren, wurde es am Fenster dunkel. Miranda sah hinaus. Eine Wolke war vor den Mond gezogen. Aber es war nicht irgendeine Wolke. Es war eine dicke, kleine Wattewolke. Sie schwebte ganz langsam vor Mirandas Fenster entlang, dann hielt sie an. Neugierig tappte Miranda wieder näher zum Fenster. Um die Wolke herum waren dicke Seile geschlungen. Neugierig beugte Miranda sich vor. Was wohl daran hing?

Ein Himmelbett! Ein prächtiges goldenes Himmelbett.

5 Minuten

Auf dem Bett lag eine kuschelige dunkelblaue Bettdecke mit goldenen Sternen. Die Wolke schwebte ein Stück höher, dann klappte wie von Zauberhand die Bettdecke zurück. Mirandas Herz hüpfte. Das war eine Einladung!

Rasch öffnete sie das Fenster. Das Bett hing ganz nah davor, ihr konnte gar nichts passieren! Miranda spürte den kühlen Wind an ihrer Haut, als sie in das goldene Bett stieg. Sie kroch unter die Bettdecke, und mit einem Mal wurde ihr

5 Minuten

wohlig warm. Der kühle Wind und die kalten Füße waren vergessen – und die Angst war fort.

»Los geht's!«, flüsterte Miranda.

Schon schwebte das Wolkenbett in die Nacht hinaus. Miranda schaute hinunter auf die Stadt. Einige Autos fuhren über die Straßen, wenige Menschen gingen zwischen den Häusern entlang. In vielen Fenstern brannte noch Licht. Einem dieser Fenster näherten sie sich nun. Bald konnte Miranda einen Jungen erkennen, der dort stand und staunte. Miranda winkte ihm zu. Als das Bett vor ihm hielt, half sie ihm, einzusteigen.

»Fürchtest du dich auch in der Nacht?«, fragte Miranda.

Der Junge nickte. »Ich bin Fabian«, sagte er, während er sich neben Miranda unter die Decke kuschelte.

»Und ich Miranda«, wisperte sie zurück.

Das Himmelbett schwebte weiter über die Stadt. Alles war ruhig und friedlich.

»Es sieht gar nicht so gefährlich aus da unten«, meinte Fabian.

Miranda lächelte. »Ich habe noch keinen Einbrecher gesehen.«

»Und ich kein einziges Monster«, sagte Fabian kichernd.

Plötzlich stieg das Himmelbett höher und höher. Sie flogen durch ein paar dünne Wolken hindurch, bis sie nur noch die Sterne über sich sahen. Und den Mond. Groß und mächtig thronte er am dunklen Nachthimmel. Näher und näher flog das Bett an ihn heran. Miranda und Fabian sahen den Mond staunend an – er leuchtete hell, und seine silbernen Strahlen kitzelten sie zart auf der Haut.

»Guten Abend, liebe Kinder«, sagte der Mond freundlich. Seine brummende Stimme brachte das Himmelbett zum Schwanken. Miranda und Fabian lachten.

»Guten Abend, Mond«, riefen sie.

»Warum fürchtet ihr euch in der Nacht?«, fragte der Mond.

Miranda und Fabian zuckten mit den Schultern. »Es ist eben so«, murmelte Miranda.

Der Mond lächelte. »Hier oben sehe ich alles. Die Welt bei euch unten ist gut. Es gibt auch schlechte Dinge, aber die meisten Menschen sind gut! Es geschehen viele schöne Sachen. Ihr habt liebevolle Eltern, die auf euch achtgeben. Ihr wohnt in sicheren Häusern, kein Donner, kein Regen, keine Tiere können euch etwas anhaben. Fürchtet euch nicht, meine Kinder.«

Miranda lächelte. »Du bist aber ein lieber Mond.«

Da musste der gute alte Mond lachen. »Hast du das nicht gewusst?«

»Du bist immer so weit weg«, meinte Fabian.

»Aber mein Licht, das schenke ich euch. Ich schicke die Strahlen der Sonne zu euch weiter, aber viel milder und zarter. Silbern leuchten sie in eure Zimmer hinein. Sie geben euch Mut und Geborgenheit.«

»Danke, lieber Mond«, flüsterte Fabian.

Dann schwebte das Himmelbett sacht wieder hinab zur Erde. Durch den Nachthimmel, durch die Wolken, hinunter zur Stadt. Sicher und warm brachte es zuerst Fabian zurück zu seinem Fenster.

»Auf Wiedersehen, Miranda«, sagte Fabian leise. »Wenn ich jemals wieder Angst bekomme, denke ich an den Mond – und an dich.«

Miranda lächelte ihm zu und schwebte weiter durch die Straßen bis zu ihrem eigenen Fenster. Es stand noch offen. Rasch kletterte sie in ihr Zimmer.

»Auf Wiedersehen, liebes Wolkenbett. Danke für diese

schöne Reise«, flüsterte Miranda. Sie sah zu, wie das Bett in der Nacht verschwand. Dann schloss sie das Fenster und krabbelte unter ihre Bettdecke. Gerade fielen ihr die Augen zu, als die Tür aufging und Mama hereinkam.

»Schläfst du schon, meine Süße?«, fragte sie erstaunt.

»Hhm«, murmelte Miranda. »Es ist doch alles gut.«

»Ja, das ist es.« Mama gab Miranda einen Kuss auf die Nase und deckte sie zu. Dann wollte sie die Gardinen zuziehen, doch Miranda rief: »Nicht, der Mond soll doch hereinscheinen!«

Also blieben die Gardinen offen, und Mama ging hinaus.

Silberne Mondstrahlen schienen durchs Fenster auf Mirandas Wange. Es kitzelte ein bisschen. »Gute Nacht, lieber Mond!«, flüsterte Miranda. Dann schlief sie ein. Ganz ohne sich zu fürchten.

5 Minuten

Als Lasse Oma Lollos Geheimnis entdeckte

Es war ein langweiliger Tag, als Lasse urplötzlich ein Geheimnis in Oma Lollos Haus entdeckte. Bei Oma Lollo galt strenge Mittagsruhe, müsst ihr wissen. Auch als Lasse nun zum ersten Mal in den Ferien bei ihr übernachtete. Mittagsruhe bedeutet, es wird nicht gespielt, denn Oma Lollo schläft mittags. Und beim Spielen wird es meistens laut, und dann wacht sie auf. Also lag Lasse auf dem Bett und langweilte sich. Eine ganze Stunde.

Lasse starrte an die Decke. Eigentlich starrte er mehr auf die seltsame Lampe, die über dem Bett hing. Sie sah aus wie der Trichter einer Trompete. Aber gedreht. Also wie ein Grammofon. Oder ein Waldhorn. Oder – ach, stellt es euch selbst vor. In der Lampe steckte keine Glühbirne. Lasse hatte die Lampe auch noch nie eingeschaltet, vor allem, weil es an der Tür keinen Schalter dafür gab. Er machte immer nur die kleine Nachttischlampe an.

»Es muss aber doch einen Schalter geben«, murmelte Lasse und setzte sich auf. Er sah sich im Zimmer um, konnte aber keinen Lichtschalter sehen. Lasse seufzte und dachte lieber wieder an etwas anderes. Gummibärchen zum Beispiel. Oder Brausestäbchen. Oh, wie gerne hätte er jetzt Brausestäbchen! Da fiel sein Blick plötzlich auf einen länglichen schwarzen Knopf. Er war seitlich hinter dem großen

5 Minuten

Schrank, man konnte ihn kaum sehen. Lasse sprang auf, drehte den Knopf herum und schaute zur Lampe hinauf. Aber es kam kein Licht aus der Lampe. Stattdessen regnete es plötzlich Brausestäbchen und Gummibärchen. Als der Zuckerregen aufhörte, blickte Lasse sich grinsend um. Das waren sicher tausend Brausestäbchen! Er stand auf

5 Minuten

und schaute in die Lampe, die ja offenbar eher ein Wunderhorn war – aber darin war alles dunkel. Kichernd stopfte Lasse sich die Taschen voll und rannte die Treppe hinunter.

»Oma Lollo! Oma!!«, brüllte er fröhlich.

Oma Lollo lag auf der Couch. »Was schreist du denn so?«, fragte sie verschlafen.

»Oma, du hast ein Wunderhorn im Gästezimmer!«, jubelte Lasse und steckte sich gleich noch zwei Gummibärchen in den Mund.

Oma Lollo schmunzelte. »Hast du mein Geheimnis also entdeckt?«

»Warum hast du es mir nicht erzählt? Was wünschst du dir immer? Weiß Mama davon?« Lasse fielen immer mehr Fragen ein, aber Oma hob die Hand.

»Warte, nicht so schnell. Also, deine Mutter weiß davon. Sie hat sich selbst mal drei Dinge gewünscht. Genau drei Wünsche erfüllt das Wunderhorn nämlich jedem Menschen. Und es funktioniert nur, wenn man es selber entdeckt.«

»Dann hab ich ja noch zwei Wünsche frei!«, freute Lasse sich.

Sofort rannte er die Treppe wieder hinauf. Er stellte sich neben das Bett und dachte ganz fest an seinen größten Wunsch: das neue Mega-Raumschiff zum Selbstzusammenbauen. Er drehte den Schalter um. Es ploppte kurz, dann plumpste ein großes Paket auf das Bett. Na ja, vielmehr auf die tausend Brausestäbchen, die dort immer noch lagen. Lasse sprang jauchzend auf und ab. Er griff nach dem Paket, riss es auf und begann sofort, das Raumschiff aufzubauen.

Erst als es langsam dunkler im Zimmer wurde, streckte Lasse sich. Gähnend tapste er die Treppe hinunter. Oma Lollo saß am Küchentisch und aß Abendbrot. Lasse setzte sich zu ihr und biss vom Wurstbrot ab, das Oma Lollo ihm reichte. »Oma, was hast du dir damals gewünscht?«, fragte er.

Oma lachte. »Mein erster Wunsch waren feuerrote Schuhe, die waren damals modern. Ich hatte gerade an sie gedacht, als ich den Schalter entdeckte. Als zweiten Wunsch wählte ich ein neues Kleid dazu. Den dritten Wunsch habe ich mir sehr lange aufgehoben. Als mein Hund Balu schlimm krank wurde, habe ich mir schließlich gewünscht, dass er wieder gesund wird. Und das ist dann auch wirklich geschehen.«

Lasse staunte. »Solche Wünsche werden auch erfüllt?«

Oma nickte. »So, nun aber ins Bett mit dir, es ist schon spät.« Sie stieg mit Lasse die Treppe hinauf und brachte ihn zu Bett. »Gute Nacht, mein Schatz«, flüsterte sie, gab Lasse

5 Minuten

einen Kuss auf die Stirn und knipste die Nachttischlampe aus.

Lasse hörte, wie Oma Lollo die Treppe hinunterging. Die Stufen knarrten leise. Lasse dachte an seinen dritten Wunsch. Plötzlich knackte das Fenster. Lasse erschrak und spitzte die Ohren. Irgendetwas krabbelte und raschelte über ihm auf dem Dachboden. Sicher Mäuse. Hoffentlich konnten die nicht in sein Zimmer krabbeln. Lasse zog sich die Decke bis zur Nasenspitze. Er hatte noch nie woanders als zu Hause übernachtet. Es war gruselig. Ob er sich einen Sicherheitsanzug wünschen sollte? Oder vielleicht einen Tiger, der ihn beschützen konnte? Nein, das war wohl nicht so gut. Wieder knackte es irgendwo. Plötzlich wusste Lasse, was er sich jetzt am meisten wünschte. Er rückte ganz an den Rand des Bettes, streckte den Arm aus, kniff die Augen zusammen und drehte am Schalter.

PLUMPS!

»Autsch, was zum Kuckuck ist hier los? Wo bin ich?«

Lasse fühlte sich sofort besser. »Ich bin's, Mama. Gibst du mir deinen Arm? Ich kann ohne dich nicht einschlafen«, murmelte er schläfrig.

»Lasse?«

Lasse musste kichern, als er hörte, wie erstaunt seine Mama klang. Kein Wunder, sie fiel sicher nicht alle Tage aus einer merkwürdigen Lampe, die an der Decke hing.

»Du weißt schon, Omas Wunderhorn«, erklärte er. »Ich hab dich hergewünscht. Zum Einschlafen.«

»Ach so, das ist es nur.« Mama seufzte beruhigt. Dann nahm sie Lasse in den Arm, deckte ihn gut zu und streichelte sein Ohr, damit er einschlafen konnte. »Ein guter Wunsch«, flüsterte sie. Und das fand Lasse auch.

Hinterm Stadtparksee rechts

Es war ein windstiller Tag, als Mia und Papa gemütlich auf den großen Stadtparksee hinausruderten. Die Sonne schien warm vom Himmel. Mia hatte den Kopf auf die Sitzbank des Ruderbootes gelegt und schaute den kleinen Mücken zu, die hektisch über dem Wasser hin und her flogen. Papa ruderte und machte sanfte Wellen. Dann legte er die Ruder ins Boot, und sie ließen sich treiben.

»Ich weiß gar nicht, wie es dort hinten beim Schilf aussieht«, meinte Papa nach einer Weile.

Mia blickte auf. »Es sieht so aus, als ob wir genau dorthin treiben«, sagte sie.

Das stimmte. Langsam wurde das Boot schneller. Verdutzt

griff Papa nach den Rudern, um das Boot zu steuern, aber da sausten sie schon pfeilschnell durch die hohen Schilfhalme.

»Ach herrjemine, was passiert denn jetzt?«, fragte Papa beunruhigt.

Einen Moment später tauchten sie aus dem Schilfwald wieder auf. Doch was war das? Um Mia und Papa herum wuchs ein wilder Dschungel! Riesige Bäume ragten am Ufer in den Himmel, darunter rankten Schlingpflanzen die Stämme empor. Die Blätter der Pflanzen waren fast so groß wie Mia selbst. Dazwischen hockten, hüpften und flatterten unzählige bunte Tiere: Papageien, Schmetterlinge, Äffchen, ja, sogar Schlangen hingen von den Ästen herab. Doch das Wunderbarste waren die Geräusche: Es quiekte und schnarrte, pfiff und gurrte, kreischte und summte so laut, dass Papa sich die Ohren zuhielt.

5 Minuten

5 Minuten

»Ist das der Stadtpark?«, rief Mia ihm zu.

Papa schüttelte den Kopf. »Auf keinen Fall ist das der Stadtpark!«, schrie er zurück. »Ich habe verflixt noch eins keine Ahnung, was das hier ist!«

Mia gefiel es unglaublich gut. Sie hatte schon immer in den Dschungel reisen wollen. Und nun war sie mittendrin.

Langsam fuhr ihr Boot den Fluss entlang. Ein Baumstamm schwamm an ihnen vorbei. Als er sein Maul öffnete, erkannte Mia, dass es kein Baumstamm war, sondern ein Krokodil. Aber gerade als sie furchtbar darüber erschrecken wollte, zwinkerte das Krokodil ihr zu. Mia lachte.

Plötzlich hüpfte ein Äffchen zu ihnen auf das Boot. Es legte den Kopf schief und sah Mia genau an. Dann drehte es sich um, schnappte Papas Kappe und sprang wieder auf einen Ast.

»He, du Frechdachs!«, rief Papa und stand auf, um nach dem Äffchen zu greifen. Das Äffchen keckerte nur, aber Papa schwankte und zappelte und fiel schließlich in den Fluss. Platsch!

»Hilfe, Mia, die Krokodile«, schrie Papa und hangelte sich so rasch wieder ins Boot, dass Mia staunte.

»Ich glaube, die tun gar nichts«, sagte sie, als sie Papa ins Boot half.

»Das möchte ich lieber nicht ausprobieren«, hustete Papa. Da rief Mia: »Schau mal, eine Sperre.«

Vor ihnen wuchs eine seltsame Pflanze quer über den Fluss. Sie rankte sich kreuz und quer durch die Luft – nur in der Mitte des Flusses gab es einen Durchgang, vor dem allerdings eine riesige orangefarbene Blüte prangte.

Papa hielt sich an einem Ast fest, damit das Boot nicht gegen die Blüte fuhr.

»Sehr aufmerksam«, raunte die Blüte. »Die meisten fahren einfach gegen meine Blätter. Wirklich, sehr aufmerksam«, brummte sie zufrieden. »Vermutlich wollt ihr durchfahren?«

»Ja«, bat Mia, weil Papa vor Staunen gar nichts mehr sagen konnte. »Dürfen wir?«

»Ach«, seufzte die Pflanze. »Ich würde gern. Aber ich kann mich kaum bewegen. Ich habe so einen Hunger!«

Papa sah sie misstrauisch an. Er räusperte sich und sagte: »Hunger auf Ruderboote?«

Die Pflanze lachte. »Aber nein! Ruderboote machen Bauchweh. Ihr habt nicht zufällig ein Leberwurstbrötchen dabei?«

Mia strahlte. »Doch, sogar zwei!« Sie kramte rasch in ihrem Rucksack, nahm die Brötchen aus der Frühstücksdose und hielt sie in die Luft. »Soll ich werfen?«

»Ja!«, brummte die Blüte und öffnete sich weit. Mia warf die Leberwurstbrötchen. HAPPS! Die Blüte schloss sich. Dann schmatzte sie. Und dann rülpste sie. BURPS!

»Verzeihung«, murmelte die Blüte und wurde rot. Dann hob sie ihren Kopf genau so weit nach oben, dass genug Platz für ein Ruderboot und zwei Mitfahrer entstand. Papa ließ den Ast los, und sie rauschten durch die Lücke.

»Danke!«, rief Mia.

Nach einer Weile machte der Fluss eine Biegung, und es wurde noch lauter als vorher.

»Was ist denn das nun wieder?«, fragte Papa stöhnend. Dann riss er die Augen auf und antwortete sich selbst: »Ein Wasserfall!«

Mia strahlte. Das wurde ja immer besser! »Es wird sicher lustig«, brüllte sie.

»Sicher«, schrie Papa, aber sehr sicher hörte sich das nicht an.

Dann ging es los. Immer schneller sauste das Boot durch die spritzenden Wellen. Mia konnte den Abhang vor sich sehen, und dann – AHHHHHH! – rasten sie in die Tiefe. Mia und Papa schlossen die Augen. Das Boot platschte ins Wasser, eine Riesenwelle brach über Mia und Papa herein, sie wurden klitschnass.

Als sie die Augen öffneten, schwamm das Boot mitten auf dem See im Stadtpark. Es war still. Neben ihnen schwirrten kleine Mücken über das Wasser, und in der Ferne hörten sie eine Ente quaken.

Mia sah Papa an. Aus seinen Haaren tropfte das Wasser. Papa sah Mia an. Sein Mundwinkel zuckte. Dann lachten sie los. Sie lachten, bis ihre Bäuche wehtaten. »Uff«, sagte Papa.

»Puh«, machte Mia.

Und dann sagten beide gleichzeitig: »Noch mal!«

5 Minuten

Man kann nie wissen ...

Es war ein Donnerwetter-Tag, als Maxim sich ganz fürchterlich mit Ben streiten musste. Draußen blitzte und donnerte das Gewitter, der Regen peitschte gegen die Fenster. Drinnen blitzten und donnerten Maxim und Ben, sie brüllten sich wütend an. Zwischen ihnen lagen die Trümmer der schönen Ritterburg, die sie gemeinsam gebaut hatten. Aus vielen kleinen Steinen hatten sie tagelang die Ritterburg zusammengefügt. Als sie nun endlich damit spielen wollten, ging irgendwie alles schief.

»Ich bin der Ritter in der Burg. Du greifst mich an«, hatte Maxim gesagt.

»Nein, ich will in der Burg sein. Du bist der fremde Ritter, der angreift«, bestimmte Ben.

So war es losgegangen. Und als sie mit Streiten fertig waren, war ein Burgturm abgebrochen, die Zugbrücke losgerissen und alle Pferde unter die Heizung geschmissen.

Maxim saß wütend hinter der Burg. Ben war aber auch zu blöd! Müssen kleine Brüder nicht tun, was die großen sagen?

Ben war auch sauer. Er hockte vor dem Sessel. Darunter hatte er seinen roten Drachen versteckt. Der war auch aus lauter Steinchen, und Ben fürchtete, Maxim könnte ihn kaputt machen.

»Deinen blöden Drachen will ich gar nicht kaputt machen«, schimpfte Maxim.

»Der ist nicht blöd«, schrie Ben. »Du bist blöd!«

»Du bist der Kleine. Du musst tun, was ich sage!«, fand Maxim.

»Ich wünschte, du wärst mal klein. Aber klitzeklitzeklein!«, brüllte Ben.

Plopp!

Ben sah Maxim wütend an. Dann schaute er sich um. Irgendetwas war komisch. Die Ritterburg war plötzlich riesig. Und der Sessel auch. Maxim war kleiner als der Hausschuh von Papa, der neben ihm lag. Ben lachte. »Juchu! Jetzt bist du wirklich mal klein! Da siehst du mal, wie das ist!«

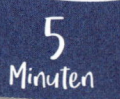

5 Minuten

Maxim stand auf. »Du bist aber auch klein, Bennilein!«

Ja wirklich, sie waren miniklein. Genauso klein wie die Männchen der Ritterburg, mit denen sie hatten spielen wollen. Maxim und Ben liefen zur Burg.

»Cool«, rief Maxim. »Wir sind jetzt die Ritter. Komm, Ben, wir ziehen uns Rittersachen an!«

Im Turm der Burg lagen zwei Helme, zwei Brustharnische und zwei Schwerter. Maxim zog sich an und half dann Ben. Die Rüstungen passten wie angegossen.

Maxim schaute zum Fenster hinaus. »Dort sind die Feinde. Aber sie haben keine Pferde mehr!«

Ben kicherte. »Na klar, die habe ich ja alle unter die Heizung geschmissen.«

»Die kommen wirklich, Ben«, rief Maxim plötzlich.

5 Minuten

»Was?« Ben kletterte auf einen Baustein und sah über die Zinnen. Tatsächlich. Die kleinen Baustein-Männchen liefen auf die Burg zu. Jetzt hörte Ben sie auch rufen: »Angriff!« Schon flog die erste Kanonenkugel durch ein Fenster.

»Hilfe, das ist voll gefährlich!«, schrie Ben.

Maxim nahm seine Hand. »Los, ich versuche die Zugbrücke hochzuziehen. Und wir haben doch das große Katapult in den kaputten Turm gebaut!«

Ben rannte zum Katapult. Er wusste genau, wie er den Hebel nach vorn schieben musste. Das war jetzt, wo er so klein war, aber viel schwerer! Knarzend hob sich der Wurfarm des Katapults und schoss die Kugel über die Burg nach vorn.

»Gut gemacht«, rief Maxim, der die Zugbrücke hochzog. Sie war zwar kaputt, aber Maxim schaffte es trotzdem. Stolz sahen Ben und Maxim sich an. Im nächsten Moment krachte es wieder. Der Turm wackelte bedenklich.

»Wir müssen hier weg«, sagte Maxim. »Komm, kleiner Bruder.«

»Aber unsere Burg«, jammerte Ben. »Wir haben so lange gebraucht, sie aufzubauen. Ich will nicht, dass diese blöden Baustein-Männchen sie kaputt machen!«

Maxim nickte. »Ich auch nicht. Aber ich weiß nicht, wie wir die Feinde verjagen sollen. Ich will wirklich nicht mit dem Schwert gegen jemanden kämpfen.«

Das wollte Ben auch nicht. Er überlegte. »Ich hab's!« Er zog Maxim mit sich. Geduckt liefen sie hinter Papas Hausschuh entlang, dann an der Teppichkante vorbei unter den Sessel.

5 Minuten

»Der Drache!«, staunte Maxim. »Super Idee, kleiner Bruder!«

Aber Ben war sich nicht so sicher. Der Drache war jetzt riesig groß. Er schnaubte leise, als er Ben und Maxim kommen sah. Rauch stieg aus seinen Nasenlöchern auf.

Ben nahm all seinen Mut zusammen und streckte die Hand nach vorn. »Komm, lieber Drache, du musst uns helfen.«

Der Drache schnupperte sanft an Bens Hand. Dann drehte er sich zur Seite, sodass Ben und Maxim auf seinen Rücken klettern konnten.

»Los geht's!«, rief Ben.

Der Drache breitete seine Flügel aus und schoss unter dem Sessel hervor. Er flog eine Kurve und jagte dann Feuer speiend über die Ritterburg hinweg. Die Baustein-Männchen rannten schreiend davon. Der Drache drehte wieder und wieder seine Kreise über der Burg. Nicht lange, und die Feinde waren verscheucht.

5 Minuten

»Gewonnen!«, jubelte Ben. »Die kommen nie wieder!« Er klopfte seinem Drachen den Hals.

Maxim grinste. »Das hast du toll gemacht, Kleiner.«

»Danke, Großer«, sagte Ben.

Plopp!

Ben und Maxim purzelten zur Seite. Sie waren wieder groß! Schnell krochen sie näher an die Burg. Die Baustein-Männchen waren tatsächlich verschwunden. Lachend suchten Maxim und Ben nach ihnen. Sie fanden eins unter dem Teppich, drei unterm Schrank, zwei in der Küche, drei im Bücherregal und eins zusammengekauert in Papas zweitem Hausschuh.

»Bauen wir sie wieder auf?«, fragte Ben.

Maxim nickte. »Aber wir spielen ab jetzt immer zusammen gegen die Feinde, klar?«

Ben grinste. »Klar. Wir sind doch Brüder!«

Dann bauten sie die Burg wieder auf. Größer und schöner. Und mit ganz vielen Schutzzäunen und Geheimfallen und Kanonen. Man kann ja nie wissen …

5 Minuten

Dreißig blaue Fingerchen

Es war ein kühler Herbsttag, als Clara den langen, großen Karton vor der Haustür entdeckte.

»Mama, darf ich den Karton zum Spielen haben?«, rief sie durch das geöffnete Küchenfenster.

Claras Mama war einverstanden, also holte sie sich ein Messer, bunte Pappe, Klebefilm und jede Menge Alufolie. Sie ritzte eine Tür und ein kleines rundes Fenster in den Karton, baute oben eine Spitze an und wickelte viermal Alufolie um das ganze Kunstwerk. Dann schnitt sie bunte Sterne aus der Pappe und klebte sie auf die Folie. Sie arbeitete den ganzen Nachmittag. Als die Sonne unterging, stand eine prächtige Rakete auf dem Rasen. Clara war zufrieden.

»Ich bin noch mal kurz weg«, rief sie ihrer Mama zu.

»In Ordnung, aber sei zum Abendessen zurück«, hörte sie ihre Mutter antworten.

Clara setzte ihren Fahrradhelm auf und zog drei Jacken und drei warme Hosen übereinander, dicke Winterstiefel, zwei Mützen und zwei Paar Handschuhe. Schließlich ist es im Weltraum eiskalt, das weiß doch jedes Kind. Sie hängte sich das kleine Fernglas um den Hals und stellte sich in ihre silberglänzende Rakete. Dann zählte sie rückwärts:

»Zehn, neun, acht, sieben, sechs, fünf, vier, drei, zwei, eins – Start!«

Es gab ein gewaltiges Zischen. Danach donnerte es, und die Rosen im Vorgarten erzitterten, als die Rakete in einer riesigen Rauchwolke verschwand. Es ist ein weiter Weg bis zu den Sternen, das wusste Clara. Also sang sie viermal *Hänschen klein*, und achtmal *Alle meine Entchen*. Durch ihr kleines, rundes Fenster konnte sie derweil ins Weltall hinaussehen. Dunkel war es, doch die Sterne blinkten hell. Noch zweimal *Kuckuck, ruft's aus dem Wald*, dann landete die Rakete mit einem kräftigen RUMS.

5 Minuten

5 Minuten

Neugierig stieg Clara aus. Sie war auf einem Stern gelandet! Er war nicht viel größer als ihr Wohnhaus, glänzte aber natürlich viel goldener. Spitz ragten seine Zacken zu allen Seiten.

»Hallo, ist da jemand?«, rief Clara. Sie sah sich um.

Hinter einem der Zacken entdeckte sie etwas Blaues. »Kommt doch her, habt keine Angst!«, sagte Clara freundlich.

Langsam und vorsichtig tapsten drei kleine Sternenkinder näher. Die kleinen Sternenkronen auf ihren blauen Köpfen leuchteten.

»Du bist aber mutig«, meinte das größte der Sternenkinder.

»Warum?«, fragte Clara überrascht.

»Weil du dich traust, zu den Sternen zu fliegen. Ich würd mich das nie trauen.«

Clara lachte. »Aber du wohnst doch schon auf einem Stern.«

»Ja, das stimmt.« Das blaue Wesen nickte. »Aber ich würde mich niemals auf die Erde trauen.«

»Weshalb?«, wollte Clara wissen.

»Ihr seid so viele da unten. Und so groß. Vielleicht mögt ihr uns ja nicht«, sagte das Sternenkind verlegen.

Clara überlegte. »Doch, ich mag euch. Und wir sind auch alle ganz nett«, fand sie.

Da kicherten die kleinen blauen Wesen. Sie liefen davon und kehrten bald mit einer großen Decke und vier dampfenden Bechern zurück. Clara nahm einen Becher und setzte sich auf die Decke. Sie schnupperte. »Was ist denn das?«

»Ein Sternentrank mit Milch aus der Milchstraße und Sternenstaub«, erklärte das kleinste Sternenkind.

Der Trank glitzerte. Clara probierte einen Schluck. »Wie lecker!«, staunte sie.

Die Sternenkinder freuten sich. Dann sprudelten sie los: »Wie ist es auf der Erde? Warum gibt es kleine und große Menschen? Was ist das viele Blau, das man von hier oben sieht?« Sie fragten und fragten und fragten. Clara konnte kaum schnell genug antworten. Sie wusste auch nicht alles.

Schließlich meinte sie: »Ihr müsst mich einmal besuchen kommen. Meine Eltern kennen sich ziemlich gut mit allen Dingen aus. Die könnten wir fragen.«

Die Sternenkinder jubelten. Als Clara ihren Becher leer getrunken hatte, stand sie auf. »Vielen Dank«, sagte sie. »Nun muss ich zurück, meine Mama wartet mit dem Abendessen auf mich.« Sie nahm das Fernglas ab und reichte es dem mittleren Sternenkind. »Hiermit könnt ihr zu mir hinunterschauen. Bergstraße eins in Amseldorf. Wenn ihr mich besucht, denkt an einen Hitzeschild für die Rakete. Und achtet auf die Rosen in unserem Vorgarten, die sind Mamas größter Stolz.«

Die drei Sternenkinder reichten ihr artig die Hand. Clara schüttelte die kleinen blauen Finger und stieg dann in ihre Rakete. Wieder zählte sie rückwärts:

»Zehn, neun, acht, sieben, sechs, fünf, vier, drei, zwei, eins – Start!«

Es gab ein gewaltiges Zischen. Dann donnerte es, und die blauen Sternenkinder schwankten, als die Rakete in einer riesigen Rauchwolke verschwand.

Zum Glück hatte Clara das mit dem Hitzeschild im Fernsehen gesehen, denn als sie sich der Erde näherte, merkte sie, wie heiß die Rakete wurde. Aber sie hatte ja sehr viel Alufolie benutzt – und das reichte zum Glück. Mit einem schwungvollen RUMS landete sie im Vorgarten – ohne dass die Rosen zu viel zitterten.

»Clara, kommst du jetzt bitte endlich?«, rief Claras Mama und beugte sich aus dem Fenster zu ihr hinaus. »Meine Güte, was hast du denn mit dem Karton gemacht? Er riecht ganz verkohlt!«

Clara grinste, als sie aus der Rakete kroch und die nun

schwarze Alufolie ansah. »Ja, das kann passieren.« Sie nahm den Fahrradhelm ab und ging die Stufen ins Haus hinauf, um Mamas warmen Kakao zu trinken – der schmeckte nämlich genauso gut wie Sternentrank. Mindestens.

5 Minuten

Die Wunder-Kaugummis

Es war ein Spielplatz-Tag, an dem Anna und Pelle die Kaugummis entdeckten. Sie lagen in der Vogelnestschaukel mitten auf dem Netz.

»Die sind bestimmt jemandem aus der Tasche gefallen«, sagte Pelle.

Anna nahm die Kaugummis und drehte sie um.

»Schau mal«, hauchte sie begeistert. »Hier steht Anna!« Ihren Namen konnte sie schon lesen.

»Und da steht Pelle«, meinte Pelle.

»Also sind die Kaugummis für uns«, beschloss Anna. Sie sah sich um. Aber der Spielplatz war leer. Nur ihre Mamas saßen auf einer Bank und redeten miteinander.

Es waren acht Kaugummis. Man konnte sie durch die durchsichtige Verpackung sehen. Zwei blaue, zwei rote, zwei grüne und zwei gelbe. Vorsichtig drückte Anna die blauen Kugeln heraus. Sie gab Pelle eine, die andere steckte sie selbst in den Mund. Gleichzeitig kauten sie los.

»Hm, lecker«, sagte Pelle.

Eine Weile kauten sie auf den Kaugummis herum. Dann machte Pelle eine Blase. Die Blase wurde größer und immer größer – Pelle musste den Kopf in den Nacken legen, damit er weiterpusten konnte. Als die Blase so riesig war wie ein Traktorreifen, ließ Pelle sie los. Sanft schwebte sie nach

oben. Anna und Pelle schauten ihr nach. Die Blase blieb oben an den Seilen der Vogelnestschaukel hängen. Pelle grinste. Anna wollte auch grinsen, aber da musste sie plötzlich auch eine Blase machen. Sie konnte gar nicht anders. Auch ihre Blase wurde immer größer. Schließlich ploppte die Blase aus Annas Mund, schwebte empor und blieb an der anderen Seite der Schaukel hängen.

Anna und Pelle starrten nach oben.

»Noch eine«, flüsterte Pelle.

Anna drückte die grünen Kaugummis aus der Schachtel. Diesmal pusteten Pelle und Anna gleichzeitig los. Die grünen Blasen wuchsen und wuchsen, bis sie wieder nach oben stiegen und zu beiden Seiten an den Seilen hängen blieben.

»Jetzt noch die roten«, meinte Anna.

5 Minuten

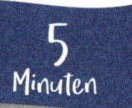

Auch die roten Kaugummis verschwanden in ihren Mündern, wurden zerkaut und zu Riesenballons geblasen. Die Ballons schwebten nach oben.

Dann begann die Schaukel zu wackeln. Erst ein bisschen, dann immer stärker. Schon lösten sich die Seile von der Stange, und die Vogelnestschaukel schwebte an den Seilen in die Luft.

»Festhalten«, wisperte Anna.

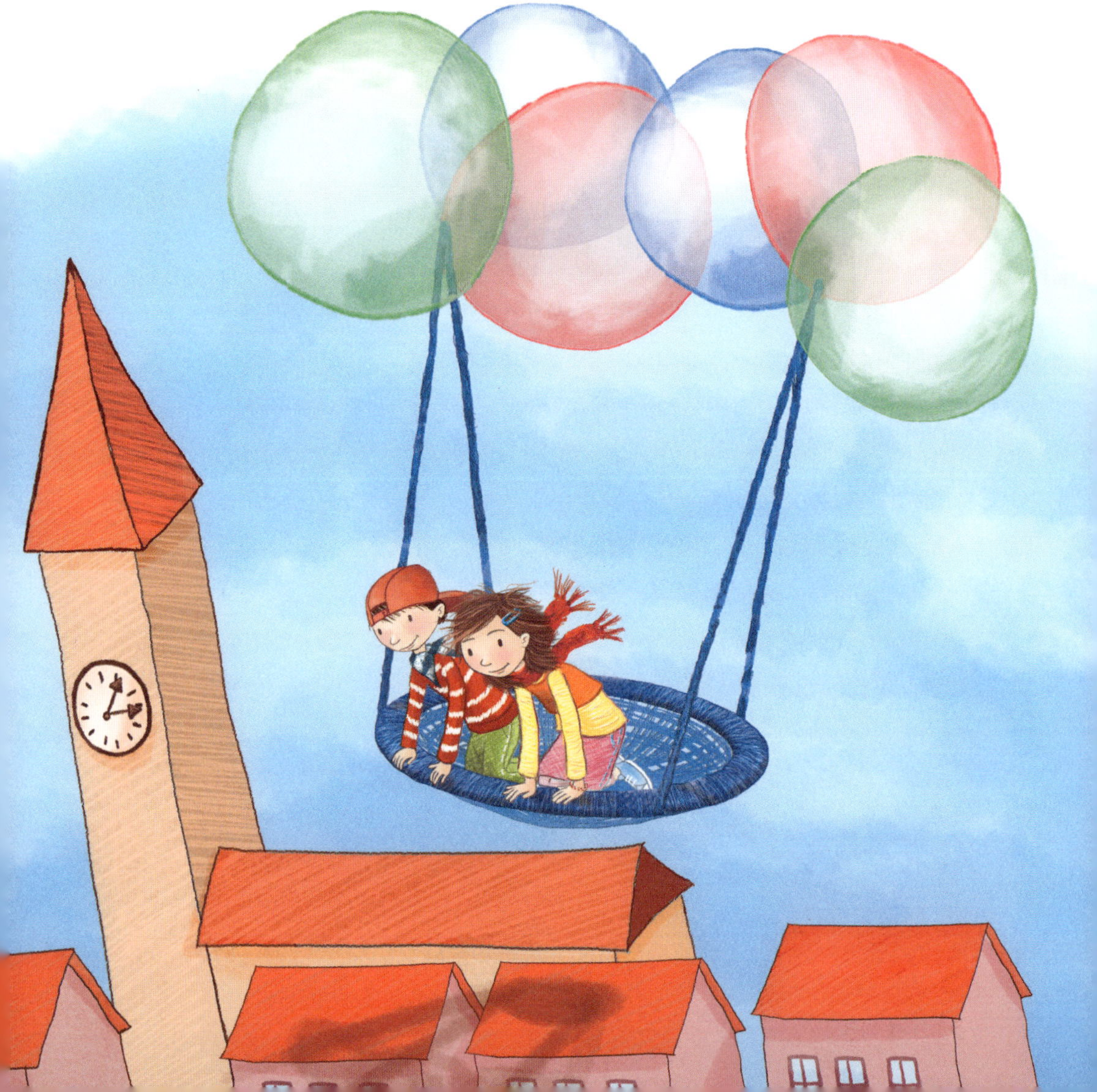

5 Minuten

Sie kuschelte sich dicht an Pelle. Bald waren sie so hoch wie die Bäume. Der Spielplatz unter ihnen wurde langsam kleiner.

»Hilfe, sieh nur, das sind Anna und Pelle!«, rief Annas Mama.

»Was ist das? Kommt da runter! Nein, kommt bloß nicht runter. Feuerwehr!«, schrie Pelles Mama.

Dann standen sie nur noch still da und schauten nach oben.

»Wir kommen gleich wieder«, brüllte Pelle zu ihnen hinunter. Da war er sich ganz sicher.

Das seltsame Fluggefährt stieg noch ein bisschen höher. Als es über den Dächern der kleinen Stadt schwebte, flog es Richtung Kirchturm. Die Tauben auf den Dächern sahen sie erstaunt an. Die Schaukel flog einmal um den Turm herum, dann zum Wald und über den See. Manchmal flog sie tiefer, sodass Anna und Pelle die Menschen und Tiere genau betrachten konnten. Dann wiederum flog sie höher, sodass alles auf der Erde winzig klein aussah.

»Meinst du, wir fliegen immer so weiter?«, fragte Anna leise.

Aber da waren sie schon auf dem Rückweg. Die Ballons zogen die Schaukel zurück zum Kirchturm und schließlich über den Spielplatz.

»Wir landen«, freute sich Anna.

Aber sie landeten nicht. Reglos schwebte die Schaukel in der Luft, hoch oben über dem leeren

5 Minuten

Gerüst der Vogelnestschaukel. Unten konnten Anna und Pelle einen großen Feuerwehrwagen sehen. Aber die Drehleiter war viel zu kurz, um zu Anna und Pelle zu gelangen.

»Meinst du, sie ist kaputt?«, fragte Anna und meinte die Schaukel.

»Ich glaube, wir müssen irgendwas machen«, meinte Pelle. »Vielleicht die Ballons platzen lassen.«

Aber das ließen sie lieber sein. Sie wollten ja nicht hinunterfallen. Plötzlich spürte Anna ein Piken an ihrem linken Arm. Da lag noch die Kaugummipackung! Rasch drückte Anna die zwei letzten Kugeln heraus.

»Hier, das ist sicher die Lösung«, flüsterte sie und gab Pelle das gelbe Kaugummi.

Sie kauten langsam und besonders gründlich. Dann pusteten sie los. Wieder wurden die Ballons größer und größer. Aber diesmal stiegen sie nicht nach oben, sondern neigten sich zur Seite. Als sie aus Annas und Pelles Mund ploppten, kippten sie über den Rand der Vogelnestschaukel. Dort blieben sie hängen und zogen die Schaukel ganz langsam nach unten.

Mit einem hellen KLING und einem lauten KLONG hakten sich die Ringe der Seile wieder in das Schaukelgerüst. Anna und Pelle kletterten aus dem Netz.

»Anna!«, rief Mama und nahm sie fest in die Arme.

Auch Pelles Mama drückte ihn so kräftig, dass er fast keine Luft mehr bekam.

Die Feuerwehrleute standen mit staunenden Blicken um

die Schaukel herum und kratzten sich verwirrt an den Köpfen.

Dann platzten die Ballons. Peng, peng, peng, peng, peng, peng, peng, peng!

Alle sprangen erschrocken zur Seite. Dann lachten sie erleichtert. Und wie das so ist, wenn man erleichtert ist, bekamen sie großen Hunger. Also standen kurz darauf eine Menge Feuerwehrleute mit zwei kleinen und zwei großen Menschen in der Bäckerei und futterten, was das Zeug hält. Kaugummis gab es für Anna und Pelle an diesem Tag aber nicht mehr.

8-Minuten-Geschichten

Zur Teestunde bei Madam Zunderfünkle 94

Großer Anton, ganz klein 103

Das Geheimnis des Straßenmalers 112

Ein gar nicht so gefährliches und
ziemlich zahmes Haustier 121

Lucia und das geheime Leuchten in der Tiefsee 130

Zur Teestunde bei Madam Zunderfünkle

8 Minuten

Es war ein kalter Samstagnachmittag, als Julian und Nele sich verirrten. Am Morgen hatten sie gejubelt, weil über Nacht so viel Schnee gefallen war, und sofort ihre Schlitten hervorgeholt. Mama war mit ihnen zu Oma gelaufen. Hinter Omas Haus gab es einen Berg. Nicht sehr hoch, aber gerade hoch genug für zwei vier- und achtjährige Kinder, die rodeln wollten. Julian und Nele waren bestimmt hundertmal hinuntergesaust. Dann hatten sie bei Oma warmen Kakao mit Plätzchen bekommen. »Das war der schönste erste Schneetag, den ich je hatte«, meinte Nele. Und Julian meinte das auch.

Um kurz vor fünf hatte Oma sie nach Hause geschickt. Es wurde langsam dunkel, und es schneite schon wieder. Nele und Julian winkten und liefen los. Bis zu ihrem Haus war es nicht weit, Nele war den Weg schon oft gegangen. Sie nahm Julian an die Hand. Es schneite immer kräftiger. Sie liefen und liefen. Es wurde dunkel, die Straßenlaternen gingen an. »Wie schön das aussieht«, sagte Julian. »Ich glaube, heute ist eine verzauberte Nacht!«

Nele lächelte. Aber eigentlich machte sie sich Sorgen. Es sah alles so fremd aus mit dem Schnee. Hätten sie nicht schon längst zu Hause sein müssen? Plötzlich blieb Julian stehen. »Schau mal«, flüsterte er. »Ein Zauberhaus!«

Hinter einem eisernen Zaun mit verzierten Spitzen lag ein sehr hübscher kleiner Park, in dem schneebedeckte Steinfiguren standen. Ein kleiner Weg schlängelte sich zwischen ihnen hindurch bis zu einem weißen Haus. Das Haus hatte zwei runde Türmchen an den Seiten, ein hübsches rotes Dach und eine große goldene Tür. Alles am Häuschen schien zu leuchten und zu strahlen. Wie verzaubert öffneten Nele und Julian die Gartenpforte. Sie liefen den Weg entlang bis zur Haustür. Mitten auf der Tür hing statt eines Türgriffs ein goldener Löwen-

8 Minuten

kopf. In seinem Maul hatte er einen goldenen Ring. Mutig griff Nele nach dem Ring und klopfte damit an die Tür. Klopf, klopf, klopf – dreimal. Es kicherte und klapperte, als ob in dem Haus viele, viele Kinder auf sie warten würden. Die Tür öffnete sich, und Nele und Julian traten ein.

Drinnen war alles still. Vor ihnen lag ein großer Saal. Überall strahlten Kerzen, die Wände waren golden verziert, und unter ihnen lag ein weicher roter Teppich.

»Hallo?«, rief Nele. »Ist da jemand? Können wir bitte mal telefonieren?« Sie wollte Mama anrufen, damit die sie abholen konnte.

8 Minuten

Jemand kicherte. Dann sauste ein kleines rosa Ding vor ihren Füßen entlang und verschwand hinter der Gardine.

»Was war das?«, flüsterte Julian.

Nele zuckte mit den Schultern. »Vielleicht ein Hamster?«

Julian kicherte. »Nee, ein Hamster war das bestimmt nicht!« Er ließ Neles Hand los und ging langsam zur Gardine. Der Stoff bewegte sich. Vorsichtig streckte Julian die Hand aus und hob die Gardine hoch.

»Hihihi, so 'ne Ferkelei, hihihi!«, quiekte das kleine rosa Ding.

Julian riss die Augen auf. Da stand ein winzig kleines Sparschwein. Es zappelte und drehte sich, während es versuchte, zwei herausgefallene Geldstücke in den Schlitz auf seinem Rücken zu stecken.

»Kann ich dir helfen?«, fragte Julian freundlich. Das Schweinchen sah Julian an, dann nickte es. Julian steckte die Münzen ein. Das Schweinchen gluckste. Scheinbar war es kitzelig. Kaum war Julian fertig, sauste das Sparschwein wieder quer durch die Halle und verschwand hinter einer Tür.

»Was war das?«, fragte nun Nele.

»Ach, nur ein kitzeliges Sparschwein«, meinte Julian. Er sah aus, als würde er sich gar nicht wundern, dass ein Porzellanschwein mit ihm geredet hatte.

»Was wollt ihr hier?«, fragte eine dunkle Stimme. Julian und Nele drehten sich um.

8 Minuten

Hinter ihnen stand ein stattlicher blauer Regenschirm. Er war enorm groß, sodass seine kleine spitze Nase ganz genau so hoch war wie Julians kleine runde Nase. Ungeduldig pochte der Schirm auf den Boden. TOCK-TOCK-TOCK. »Was wollt ihr von Madam Zunderfünkle?«

Nele starrte den Schirm mit weit aufgerissenen Augen an. Sie ging einen Schritt zurück. Gerade fragte sie sich, ob der Schirm wohl auch beißen könnte, da hob Julian seine Hand.

»Guten Tag, mein Herr«, sagte er höflich. Sanft schüttelte er das Halteband des edlen Schirms. Dieser war geschmeichelt und lächelte sogar. »Kann ich euch behilflich sein?«

»Ja bitte, wir möchten nach Hause«, sagte Nele.

»Nein, auf keinen Fall«, rief Julian. »Ich bleib hier!«

Da ertönte ein hundertfaches Kichern und Lachen, ein helles Scheppern und Klappern, ein schallendes Klimpern und Klingeln. Um Julian und Nele herum drehten und bewegten sich Lampen und Leuchter, Kerzen und Gläser, Bilder und Uhren, Schlüssel und Klinken. Das ganze Haus war voller fröhlicher Gesichter, bis – TOCK-TOCK-TOCK: »Ruhe bitte!«, rief der Schirm streng. Sogleich verstummten alle Gegenstände, und die Gesichter waren verschwunden.

»Nein, bitte noch einmal. Bitte, bitte!«, flehte Julian. Der Schirm überlegte, dann nickte er.

Wieder erklangen die feinen, hellen Stimmchen. Jetzt sprachen sie auch: »Wer seid ihr?« – »Woher kommt ihr?« – »Ach, bleibt doch!«

Julian ging als Erster von einem zum anderen. Er grüßte und nickte und streichelte hier einen Bilderrahmen und dort einen Kerzenständer. Da trau-

8 Minuten

te sich auch Nele und gab einem Stuhl die Hand. Sogleich trug er sie auf den Hinterbeinen durch die Halle. Julian saß inzwischen auf dem weichen Teppich und ließ sich von einer kleinen Blech-Keksdose mit Keksen füttern. Die Dose strahlte vor Glück und stopfte ein Plätzchen nach dem anderen in Julians Mund. Doch plötzlich drehten sich alle Gegenstände zur Eingangstür und begannen zu glänzen und zu glitzern. Und als die Tür aufging, riefen sie im Chor: »Einen bezaubernden Abend, Madam Zunderfünkle!«

In der Tür stand eine wunderschöne Frau. Ihr goldener Umhang leuchtete, und unter ihrer großen Kapuze blitzten liebenswürdige Augen hervor. »Oh, Besuch«, sagte sie freundlich. »Wie schön.« Nele knickste, und Julian verbeugte sich. Bestimmt war Madam Zunderfünkle eine Zauberin oder eine Königin, da war es wohl besser, sie begrüßten sie richtig.

Madam Zunderfünkle lächelte. »Sicher habt ihr euch schon mit all meinen Liebsten angefreundet?« Nele und Julian nickten. »Na kommt, dann trinken wir zusammen Tee.«

Im Nu kamen drei Stühle angerannt, hinterher polterte ein wuchtiger runder Tisch. Der kleine Teewagen musste scharf bremsen, damit er nicht mit ihm zusammenstieß. Nele und Julian setzten sich. Auch Madam Zunderfünkle nahm Platz. Drei kleine Tellerchen rollten über den Tisch und ließen sich fallen. Drei kleine Gabeln legten sich hurtig daneben. Die Tassen klapperten auf den Untertassen, die Löffelchen sprangen dazu. Eine sehr hohe und sehr schmale Kanne schenkte ihnen duftenden Tee ein. Der Zuckerstreuer verneigte sich vor ihren Tassen. Nur das Milchkännchen war ungezogen und spuckte die Milch einfach quer über den Tisch in die Tassen.

»Na, na«, murmelte Madam Zunderfünkle.

So begann die wunderbarste Teestunde, die Nele und Julian je erlebt

8 Minuten

hatten. Sie aßen Kuchen und tranken Tee, der nach Karamell schmeckte, und sprachen mit Madam Zunderfünkle und ihren Liebsten. Sie lachten und lärmten, und der Saal sprühte Funken vor Fröhlichkeit.

Schließlich jedoch sagte Madam Zunderfünkle: »So, meine Lieben, nun müsst ihr nach Hause. Es war wunderschön, dass ihr mich besucht habt. Ich hoffe, wir sehen uns in euren Träumen!«

Nele und Julian nickten. Traurig zogen sie ihre Jacken an. Traurig verbeugten und knicksten sie, und traurig winkten sie allen zu. Sie strichen an der Eingangstür traurig über den Löwenkopf, der wohlig knurrte, und schlichen dann traurig den Weg hinunter zur Gartenpforte.

Noch ein letztes Mal winkten sie, dann wehte der Wind Neles Mütze zu Boden. Julian hob sie auf und gab sie ihr zurück. Als beide sich wieder umdrehten, war das Häuschen – verschwunden. Vor ihnen lag nur ein leerer Park hinter einem eisernen Zaun mit verzierten Spitzen. Schneebedeckte Steinfiguren standen einsam auf dem Gras. Nele und Julian sahen sich stumm an. Dann kicherte Julian und hakte sich bei Nele unter. Und Nele kicherte mit, und sie rannten, rannten, so rasch sie konnten, um die nächste Ecke, und von dort waren es nur zwei Hüpfer bis nach Hause.

Großer Anton, ganz klein

8 Minuten

Es war ein stinknormaler Tag, als Anton in seinem Zimmer auf dem Boden lag und mit Autos spielte. Anton seufzte. Ihm war langweilig. Er ließ ein Auto losflitzen, das prallte gegen die Wand, drehte sich einmal und verschwand unter dem Schrank. Anton kroch näher ran. Er konnte kaum etwas erkennen, so dunkel war es unter dem Schrank. Er

spähte an den dicken Staubflusen vorbei. Doch das Auto konnte er nicht sehen. Seltsam. Wohin kann denn so ein Auto verschwinden? Plötzlich entdeckte Anton in der Wand ein sehr, sehr kleines Holztürchen mit einem sehr, sehr kleinen Klingelknopf und einer sehr, sehr kleinen Klin-

8 Minuten

ke. So sanft er konnte, drückte Anton die Klinke hinunter und – rutschte mit einem Mal durch die Tür, vier kantige Stufen hinunter und kullerte weiter, bis er gegen eine Wand prallte. Kleine Steinbröckchen fielen ihm auf den Kopf. »Aua!«, rief Anton.

»Was fället dir denn ein?« Eine kleine Maus kam schimpfend auf Anton zu. Sie wedelte wild mit einem Besen um ihn herum. »Kannest du nicht aufepassen? Und kannest du nicht klingelen? Wie unhöflich von dir!«

Anton sah die Maus überrascht an. Irgendwie war sie gar nicht klein, sondern ziemlich groß. Genauso groß wie er, wenn man es genau nahm. Was aber natürlich gar nicht sein konnte. Oder doch? »Wie bin ich nur durch diese winzige Tür gekommen?«, fragte Anton verdutzt.

»Ach, was für eine blöde Frage«, seufzte die Maus. »Du biste natürlich geschrumpfet.«

»Geschrumpfet?«

»Klein gewordenen!« Die Maus schüttelte den Kopf. »Was willest du jetzt machen?«

Anton wusste es auch nicht. »Bei dir was essen vielleicht?«

Die Maus schimpfte. »Nein, auf keinen Fall. Du bringest nur Schmutz und kaputte Spielzeugautos und biste unhöflich. Nein, auf keinen Fall. Geh jetzt.«

Sie zeigte mit der Pfote einen Gang entlang.

»Wie kann ich denn wieder größer werden?«, fragte Anton noch, aber die Maus zeigte nur stumm in den Gang. Anton lief los.

Zuerst war es recht dunkel, und Anton stolperte zweimal. Doch dann wurde es wieder heller. Anton entdeckte ein kleines Schaufenster und eine Tür in der Wand. »Ein Mäuseladen«, flüsterte er begeistert. Er wühlte in seiner Hosentasche. Heute Morgen hatte er doch ein kleines Geldstück gefunden – ja, da war es! Rasch trat er durch die Ladentür.

8 Minuten

Dingedong!, ertönte die Glocke.

»Guten Tag, was kann ich für Sie tun?« Eine freundliche Mausefrau tauchte vor Anton auf und lächelte ihn an.

»Äh, ich hätte gern eine Taschenlampe«, sagte Anton.

Die Mausefrau schien sich nicht zu wundern, dass Anton keine Maus war. »Ja, Besucher finden es bei uns meist ein

8 Minuten

wenig dunkel«, meinte sie. Dann kramte sie in ein paar Schubladen, bis sie eine silberne Taschenlampe fand. »Macht zwei Käsestückchen.«

Anton schluckte. »Oje, ich habe nur Geld. Nehmen Sie auch Geld?«

Die Mausefrau seufzte. »Na ja, ausnahmsweise«, brummte sie. »Ihr Besucher solltet euch besser auf eure Reisen vorbereiten.«

»Vielen Dank«, sagte Anton. Dann ging er rasch hinaus.

Jetzt konnte er viel besser sehen. Die Gänge waren sehr ordentlich gebaut. »Fleißige Bauarbeiter, diese Mäuse!«, staunte er. Nun kamen ihm auch Mäuse entgegen. Mit Hut oder Tasche, mit Kinderwagen oder auf dem Fahrrad. Der

Gang wurde breiter, und ab und zu stand eine Straßenlaterne am Rand und erhellte alles mit einem warmen Licht. Schließlich gelangte Anton an einen großen Marktplatz. Hier war es voll. Eine kleine Bude reihte sich an die nächste, es duftete überall nach Käse.

»Käsefondue, hier besonders würzig«, rief ein Mäuserich mit Kochmütze. »Käsebrötchen, Käselutscher, Käsekuchen«, schallte es aus dem Bäckerstand. Und »Stinkekäse, Müffelkäse, Miefkäse«, rief ein Mäuseherr in feinstem Frack. Scheinbar waren seine Käsestücke sehr teuer. Aber Anton fand, dass sie fürchterlich stanken, und flüchtete in einen weiteren Gang.

8 Minuten

Hier reihte sich eine Haustür an die nächste. Sie waren einfach in die Wände der Gänge gebaut – sicherlich gab es dahinter lauter kleine Mäusewohnungen. Hier und da gab es noch ein kleines Fenster, jedoch waren stets rot-weiß karierte Gardinen davor, sodass Anton leider nicht hineinschauen konnte. Bald kam er an einen Friseursalon. Durch die Scheiben konnte er sehen, wie Mäuse in gelben Westen herumflitzten und anderen Mäusen die Haare schnitten. Anton sah ihnen eine Weile zu. Ein Friseurmäuschen bürstete die Felle, ein anderes schnitt die Haare an den Ohren gerade. Ein älterer Mäuserich – bestimmt der Friseurmeister – rollte die Schnurrhaare einer Maus zu einem prächtigen Schnauzbart. Schließlich entdeckte Anton in einer Ecke des Friseursalons unter einem Tisch ein kleines Mausemädchen. Sie hatte auch eine gelbe Weste an, saß aber traurig auf dem Boden. Eine Träne kullerte über ihre Wange, das Schnurrhaar entlang und fiel dann auf die vielen weißen Perlen, die vor dem Mädchen lagen.

Anton überlegte nicht lange. Er ging in den Salon hinein, lief hinüber zu dem Mädchen und hockte sich zu ihr unter den Tisch.

»Warum weinst du?«, fragte er.

Das Mausemädchen schluchzte. »Mir ist diese Perlenkette zerrissen. Sie soll einer Braut zwischen die Ohren gelegt werden, und ich habe sie kaputt gemacht. Nun muss ich sie wieder auffädeln, aber ich kann das gar nicht – buhuu!« Sie weinte wieder.

Anton kramte in seiner Tasche. Er fand ein zerknülltes, aber gar nicht so schlimm schmutziges Taschentuch und gab es dem Mädchen. »Hier. Ich bin Anton. Ich kann fädeln!«

Die kleine Maus sah ihn fragend an. »Hilfst du mir?«

»Aber klar.« Anton nahm eine Perle, fädelte sie auf den

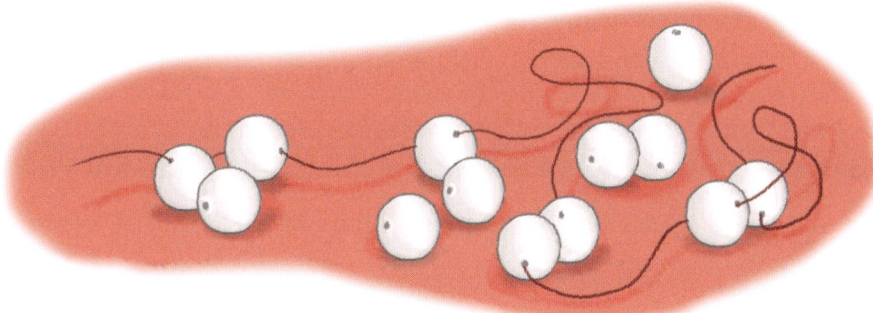

Faden und machte einen Knoten. Dann fädelte er eine Perle nach der anderen auf. Das ging richtig schnell! Das Mädchen sah ihm staunend zu. Als alle Perlen aufgefädelt waren, nahm sie ihm die Kette aus der Hand, machte einen Doppelknoten in den Faden und sauste davon. Anton lächelte. Er wollte gerade gehen, da kam das Mädchen zurück.

»Ich heiße Mila. Komm, ich frisier dich!«, wisperte sie und zog Anton an der Hand hinter sich her. Im Nu saß er auf einem Frisierstuhl. Anton machte die Augen zu und ließ sich von Mila die Haare kämmen, schneiden und föhnen. Als sie »Du kannst gucken« sagte, öffnete er die Augen – und erschrak. Er hatte Mäuseohren! Riesige graue Mäuseohren!

Mila kicherte. »Das ist nur ein Haarreif.« Sie nahm ihm

8 Minuten

die Mäuseohren ab. Jetzt konnte Anton auch lachen. Aber dann hatte er plötzlich den Wunsch, wieder groß zu sein.

»Wie werde ich wieder groß?«, fragte er.

Mila wusste gleich, was er meinte. »Es gibt einen kleinen Laden nicht weit von hier, dort kannst du Groß-Drops kaufen. Wenn du sie lutschst, wächst du wieder.«

Anton runzelte die Stirn. »Den Laden kenne ich, da war ich schon. Aber leider habe ich mein Geld ausgegeben, und Käse hab ich auch nicht.«

»Aber ich«, sagte Mila. Sie holte drei kleine Käsestückchen aus ihrer Weste. »Das müsste reichen.«

Anton umarmte sie. »Danke. Aber ich kann es dir nicht zurückgeben.«

Mila lächelte. »Du hast mir geholfen, nun helfe ich dir. Gut?«

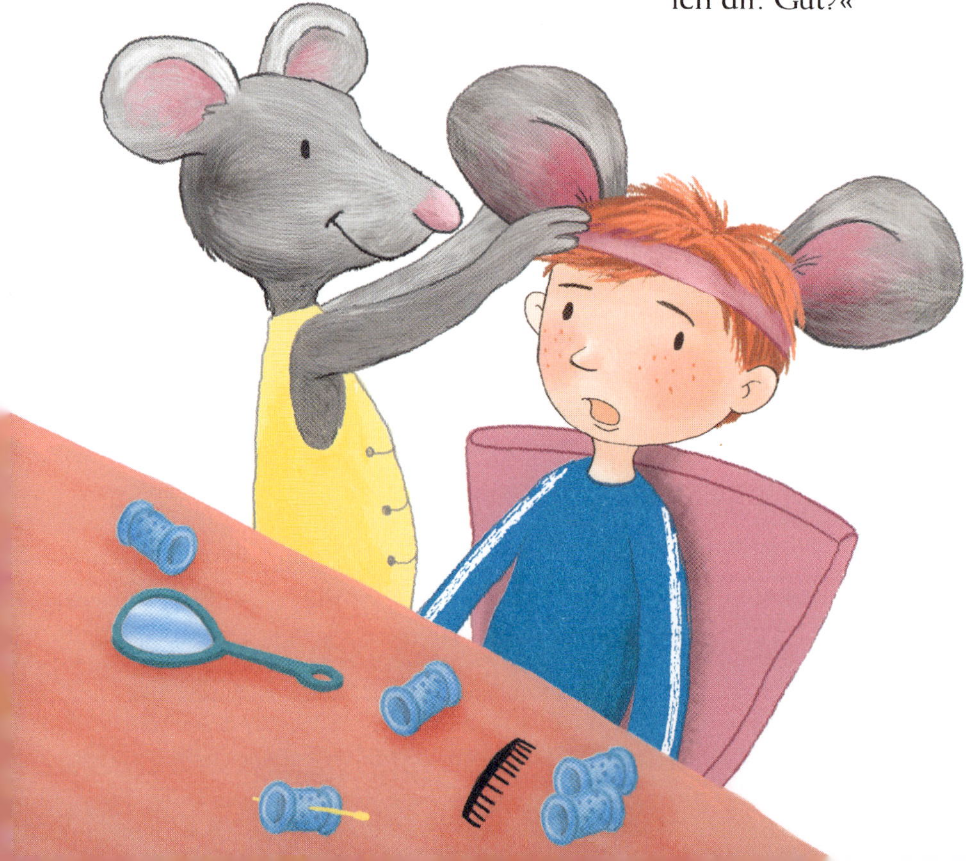

»Gut«, sagte Anton.

Er winkte Mila durchs Fenster und ging dann zurück zu dem kleinen Laden. Als er eintrat, grinste die Verkäufermaus. »Aha, nun möchtest du sicherlich Groß-Drops?«

Anton nickte. Er reichte ihr die drei Käsestückchen, die sie gleich in den Kühlschrank legte. Dann gab sie ihm ein winziges Paket. »Erst in den Mund nehmen, wenn du am Ausgang bist«, warnte sie.

Anton bedankte sich. Draußen öffnete er das Päckchen. Darin lagen zwei sehr kleine Bonbons. Er nahm sie fest in die Hand. Sein Herz klopfte. Ob diese winzigen Drops ihn wirklich wieder groß machten? Schnell lief er zum Ausgang. Dort wedelte die schimpfende Besenmaus ihm schon entgegen.

»Du schon wieder? Was willest du nun? Schon wieder essessen und alles schmutzig machenen?«

Anton schüttelte den Kopf. »Ich gehe nur nach Hause. Auf Wiedersehen.«

Er stieg die vier Treppenstufen hinauf. Rasch nahm er die Groß-Drops in den Mund. Einen in die linke Backe, einen in die rechte Backe. Dann öffnete er die sehr, sehr winzige Tür mit der sehr, sehr winzigen Klinke und – flog zur Tür hinaus und plumpste auf den Teppich.

Es war hell. Neben Anton stand sein Kleiderschrank.

»Ich bin wieder groß«, sagte Anton zufrieden.

Dann rannte er in die Küche, um drei winzige Käsestückchen zu holen und einen winzigen Brief zu schreiben.

8 Minuten

Das Geheimnis des Straßenmalers

Es war ein kühler Tag, als Max mit Mama durch die Stadt lief.

»Ich geh nur kurz zur Post, du wartest genau hier, versprochen?« Mama sah Max ernst an.

Max nickte. Er saß gern auf dem großen Stein vor der Post und schaute den Menschen zu, die vorbeigingen. Manchmal spielte hier jemand auf der Geige, und Max zählte, wie viele Münzen die Leute in seinen Hut warfen. Heute kniete mitten auf dem Platz ein Straßenmaler. Er hatte einen Eimer mit Kreide neben sich stehen. Auf die Pflastersteine hatte er ein großes, dunkles Bild gemalt, das beinahe fertig war. Er machte noch ein paar Striche, dann warf er das letzte Kreidestück in den Eimer und stand auf. Zufrieden sah er sich das Bild an. Plötzlich drehte er den Kopf und zwinkerte Max zu. Im nächsten Moment nahm er seinen Eimer und ging pfeifend davon.

Max sah ihm eine Weile nach. Warum hatte der Maler ihm denn zugezwinkert? Er schaute zurück zum Bild. Die Menschen blieben davor stehen, sahen es eine Weile an, lachten dann und liefen weiter. Max überlegte. Seine Mama war noch in der Post. Es wäre doch sicher nicht schlimm, wenn er mal ganz kurz das Bild anschauen ging …

Im Nu war Max bei dem großen Gemälde. Enttäuscht betrachtete er die dunklen Farben. Nur Braun und Schwarz hatte der Straßenmaler benutzt. Ein ganz bisschen Gelb funkelte ab und zu dazwischen. Und was sollte das sein, bitte schön? Eine Treppe, die in einen Keller führte? Allerdings musste Max zugeben, dass die Treppe sehr gut gemalt war. Es sah so aus, als könnte man wirklich hinabsteigen. Deshalb lächelten die Leute auch. Max streckte einen Fuß aus.

»Buh!«, rief ein Mann neben ihm.

Max zog den Fuß erschrocken zurück. Die Leute lachten. Max ärgerte sich. Er sah den Mann wütend an, machte »Pah!« und lief dann die Treppe hinunter ins Bild hinein. Er wunderte sich selbst, dass es klappte.

8 Minuten

Leise hörte er noch, wie die Menschen hinter ihm »Oh!« und »Ah!« machten, dann wurde es still.

Max stieg viele Stufen hinab. Es war etwas düster, aber überall brannten Fackeln an den Wänden und beleuchteten den Weg.

Dann stand Max vor einer Holztür. Der große schwarze Eisenknauf ließ sich nur schwer drehen, aber Max schaffte es. Er drückte die Tür auf und schob sich durch den Spalt.

Der große Saal war hell erleuchtet: Von den Kronleuchtern aus Eisen, die an der Decke hingen, strahlten Hunderte Kerzen. Die Wände waren aus dicken Steinen wie in einer Rit-

terburg. Viele Tische standen in Reihen nebeneinander, und vorn gab es eine Tafel und einen Lehrertisch. Er war in einer Schule! Am seltsamsten aber waren die Schüler, die hier saßen: Es waren allesamt kleine weiße Gespenster! Fleißig beugten sie sich über ihre Bücher und lasen gemeinsam: »Huhuu, hu, Buhuhu.« Sie hatten Max noch gar nicht bemerkt.

Nur der Lehrer hatte ihn entdeckt. Obwohl auch er völlig weiß war, wirkte er in seinem Anzug sehr streng. Nur ein kleines Monokel an einer schmalen Kette war aus Eisen. »Du bist spät«, sagte er zu Max. Jetzt drehten sich alle Gespenster um. Sie starrten Max an. »Setz dich dort neben Hannes«, befahl der Lehrer und zeigte auf einen leeren Platz. Rasch huschte Max auf den Stuhl.

Hannes schob sein Buch in die Mitte, damit Max mitlesen konnte. Max konnte noch gar nicht lesen, aber das sagte er lieber nicht. Er legte seine Hand auf den Tisch – aber was war das? Seine Hand war weiß! Max schaute an sich herunter – er war überall weiß! Max war ein Gespenst geworden! Er kicherte. Hannes kicherte sofort mit. Gespenster können gar nicht anders.

Darum kicherte bald die ganze Klasse.

8 Minuten

Nur der Lehrer nicht. »Was gibt es denn so Lustiges?«, fragte er streng.

»Ich bin ein Gespe-henst«, gluckste Max.

Dem Lehrer fiel das Monokel von der Nase. »Was denn sonst?«, zischte er. Rasch schob er die Brille wieder an ihren Platz zurück.

»Entschuldigung«, sagte Max und hörte auf zu lachen.

»So, dafür sagst du uns gleich ein Spukgedicht auf. Hannes, zeig ihm, wie es geht.« Der Lehrer klopfte dreimal mit seinem Stab auf den Tisch. Sofort waren alle still.

Hannes räusperte sich. Dann machte er ein grusliges Gesicht.

»Buh, buhuu!

Uah, kaschuu!

Kubiiih, Schiriih!«

Beim letzten »Schiriih« musste Max sich die Ohren zuhalten. Hannes klang wirklich fürchterlich, Max standen die Haare zu Berge vor Grusel. Das hier war scheinbar eine wirklich gute Spukschule!

»Sehr gut, Hannes. Jetzt du!«, sagte der Lehrer.

Max riss die Augen auf und zeigte seine Zähne. Das sah bestimmt recht gruslig aus. Dann hauchte er:

»Huäääh, kräkrääh,

sidaah, buahhh!«

Max wurde immer lauter, beim letzten »buah« lachte er unheimlich. Als er fertig war, sah er sich um. Alle sahen ihn entsetzt an. Dann brüllten sie vor Lachen. Die Gespenster lachten, bis sie durchsichtig wurden. Kreischend flogen sie durch die Luft und warfen sich gegen die Wände. Der eine oder andere plumpste dabei durch die Steinmauer nach draußen. Selbst der Lehrer musste schmunzeln.

»Was war denn so komisch?«, fragte Max Hannes.

Hannes grinste. »Du hast Babyworte benutzt. Du weißt schon, so wie Gespensterbabys nach ihren Mamas schreien.«

Max wurde rot. Dann musste er auch lachen. Und auf einmal schwebte er unter der Decke. »Huch!«, rief er erschrocken. Schon plumpste er wieder hinunter. Zum Glück tun Gespenster sich nicht weh, wenn sie fallen.

»Ich bin geflogen«, staunte Max. Er nahm Schwung und streckte die Knie durch, aber seine Füße blieben am Boden.

»Du musst dich leicht machen. Denk an eine Feder«, riet ihm der Lehrer.

Max dachte an eine Feder. Das half nicht. Dann fiel ihm ein Luftballon ein. Er stellte sich vor, dass er wie ein Luftballon durch die Luft flog. Da hob er ab. Langsam schwebte er an den anderen Gespenstern vorbei durch den Saal.

»Gespenst sein ist toll«, jubelte Max.

Er flog eine Runde nach der anderen. Bald merkte er, dass die anderen Gespenster tropften.

»Warum seid ihr denn alle so nass?«, fragte Max. »Kommt das vom Lachen?«

Hannes schüttelte den Kopf. »Nein, das ist Regen. Wir sind doch unter der Erde. Wenn es oben viel regnet, tropft das Wasser durch unsere Decke. Später sickert es durch den

8 Minuten

Boden wieder in die Erde. Das ist ganz praktisch, so werden wir sauber!«

Max lächelte glücklich. Es war wirklich spannend, ein Gespenst zu sein. Lieber ein paar Tropfen hier als einen richtigen Regenschauer oben, dachte er.

Plötzlich kam Max ein furchtbarer Gedanke. Wenn es oben regnete, würde doch das Bild von den Steinen gewaschen werden! Und wenn das Bild fort war, würde Max nicht mehr zurück nach Hause können …

»Ich muss los!«, rief Max. Er rannte zur Holztür und zerrte sie einen Spaltbreit auf. Rasch quetschte er sich hindurch und hastete die Treppenstufen hinauf. Je höher er kam, desto glitschiger wurden die Stufen. Er konnte den Regen schon hören. Die letzten Schritte watete er wie durch tiefe Matsche – dann stand er endlich auf den Pflastersteinen. Max keuchte. War das anstrengend gewesen! Er sah zu, wie das

Bild vor ihm immer mehr verschwamm. Bald war nur noch eine braun-schwarze Pfütze zu sehen.

Max sah zur Post. Mama war noch nicht zu sehen. Schnell lief er hinüber und kletterte auf den Stein. Gerade rechtzeitig, denn schon erschien Mama in der Tür.

»Max, komm rein!«, rief sie und winkte hektisch. »Du bist ja ganz nass geworden, mein armer Schatz!« Sie wickelte ihre Jacke um ihn und drückte ihn an sich. »Warum hast du denn so schlammige Schuhe? Und deine Hose ist auch ganz dreckig!« Sie sah sich verwirrt um. »Bist du weggegangen?«

Max schüttelte den Kopf. »Ich hab mir nur da vorn kurz das Bild eines Straßenmalers angeschaut. Aber weiter weg war ich nicht.«

Mama sah stirnrunzelnd auf seine Beine. »Na, dann war das vielleicht schon vorher schmutzig … Seltsam.«

8 Minuten

»Ach, Mama«, sagte Max. »Besser, als immer nur weiß zu sein. Meinst du nicht?«

Jetzt war Mama komplett durcheinander. Max nahm ihre Hand und zog sie in den Regen hinaus. Da musste sie lachen. Fröhlich rannten sie zur Bushaltestelle. Als sie in den Bus stiegen, entdeckte Max den Straßenmaler, der ihm freundlich zuzwinkerte. Und Max zwinkerte fröhlich zurück.

Ein gar nicht so gefährliches und ziemlich zahmes Haustier

8 Minuten

Es war ein sonniger Samstagvormittag, als Leon bei Filiz klingelte. Er klingelte fast jeden Tag, um mit Filiz im Garten zu spielen. Aber heute machte Leon komische Winkereien mit der Hand.

»Was ist denn?«, fragte Filiz.

Da zischte Leon »Psst!«.

Er lief zur Garage. Filiz rannte hinterher. Leon schaute sich um. Filiz schaute sich auch um. Aber es war niemand zu sehen. Da schlich Leon durch die Seitentür in die Garage. Filiz schlich hinterher. Die Garage war leer.

»Was ist denn nun?«, fragte Filiz.

»Nicht so laut«, flüsterte Leon. »Du erschreckst ihn sonst noch.«

»Erschrecken? Wen denn?«, flüsterte Filiz.

8 Minuten

Da entdeckte sie ihn. In der Ecke zwischen dem Wischeimer und dem Sack mit Gartenerde. Er war dick und grün und hatte rote Stacheln auf Rücken, Kopf und Schwanz. An den Seiten hingen zwei kleine Flügel schlapp hinunter. Und

aus den Nasenlöchern an seinem Maul kamen kleine Rauchwolken. Sehr kleine.

»Es ist ein Drache«, erklärte Leon.

»Ja, wirklich!«, hauchte Filiz.

»Meinst du, der gehört jemandem?«, fragte sie. Filiz fand den Drachen ziemlich putzig.

Leon mochte ihn auch. Aber er hatte Mama und Papa vorhin in der Küche gefragt, ob er einen Drachen haben könne.

Mama hatte nur gelacht. Papa hatte gesagt, wenn er einen Drachen in seinem Haus erwische, würde er ihn ruck, zuck in den Zoo bringen. Das wollte Leon auf keinen Fall. Deshalb musste Filiz jetzt helfen.

»Also, ich dachte mir, wir kümmern uns erst mal um ihn. Und wenn jemand nach ihm fragt, können wir ihn immer noch abgeben.«

Gute Idee, fand Filiz. Sie dachte gleich an Opa Jolle. Der wohnte ein paar Häuser weiter am Feldrand und hatte hinterm Haus einen alten Hundekäfig aus Eisen. Den konnte der Drache auch nicht anbrennen, wenn er mal fauchen musste. Sie erzählte Leon davon.

»Opa sieht ganz schlecht«, meinte Filiz. »Wir sagen ihm, wir haben einen Hund gefunden.«

»Und wie bringen wir ihn zu Opa Jolle hin?« Leon kratzte sich nachdenklich am Kopf.

Doch Filiz hatte schon wieder eine Idee. Bei der Bushaltestelle stand seit einigen Tagen ein Einkaufswagen. Den hatte irgendjemand einfach stehen lassen. Diesen Wagen holen sie nun. Er fuhr noch tadellos. Sie brachten ihn in die Garage.

»Wie kriegen wir den Drachen hinein?«, wollte Leon wissen.

Da hatte selbst Filiz keine Idee. Sie würde ihn ja tragen, aber vielleicht spuckte er dann Feuer?

»Hat er schon mal Feuer gespuckt?«, fragte sie.

Leon nickte. »Er hat den Wischmopp angekokelt. Und dann gleich gefressen.« Er deutete auf den roten langen

8 Minuten

Stab, an dem unten nur noch ein Fitzelchen Stoff hing. Filiz kicherte. Dann hatte sie doch eine Idee.

»Hunger! Na klar, er hat sicher Hunger! Wir locken ihn mit Futter in den Wagen.« Sie flitzte ins Haus. Mit einem Arm voll alter Brötchen, drei schrumpeligen Möhren und einem Apfel kam sie zurück. Sie legte drei Brötchen und den Apfel in den Wagen. Den Rest steckte sie in ihre Jacke. Für später. Kaum war Filiz vom Wagen zurückgetreten, da flatterte der Drache auch schon hinein.

»Super«, wisperte Leon.

Rasch schob er den Wagen aus der Garage. Bevor der Drache wieder hinaushüpfte. Aber er sah gar nicht so aus, als ob er das vorhatte. Genüsslich knabberte er das Futter im Wagen auf. Dann rülpste er, und dabei stieg etwas Qualm aus seiner Nase auf. Leon und Filiz lachten begeistert. Schnell, aber vorsichtig schoben sie den Wagen über den Bürgersteig, an den Häusern vorbei, bis in Opa Jolles Garten.

»Opa Jolle!«, rief Filiz.

Opa kam durch die Hintertür. »Filiz, mein Mädchen«, brummte Opa Jolle fröhlich. »Was machst du denn hier?«

»Wir haben ein ausgesetztes Tier gefunden!«, erzählte Filiz. »Können wir es in deinem Hundegitter halten, bis jemand sich meldet, dem es gehört?«

Opa Jolle nickte. »Einen Hund, oder was?«, brummelte er. »Die Leute sind doch verrückt. Erst wollen sie ein Tier und dann auf einmal nicht mehr. Man muss sich doch kümmern. Ich glaub nicht, dass den noch jemand wieder holt.«

Filiz' Herz hüpfte vor Glück. Opa dachte auch, sie könnten den Drachen behalten! Na ja, so ähnlich.

»Wie soll er eigentlich heißen?«, überlegte sie.

»Zorro«, schlug Leon vor. Also hieß er so, denn schließlich hatte Leon ihn gefunden. Da durfte er auch den Namen bestimmen.

Zorro sah fast ein bisschen traurig aus, als Leon und Filiz fortgingen. Er schnupperte kurz an den Brötchen und Möhren, die Filiz ihm noch hingelegt hatte, legte sich dann aber seufzend auf den Boden.

8 Minuten

8 Minuten

»Wir kommen morgen wieder!«, versprach Filiz.

Und das taten sie auch. Von nun an besuchten sie Opa Jolle jeden Tag. Sie brachten dem Drachen Wasser und redeten mit ihm. Nach einigen Tagen konnten sie ihn sogar streicheln. Am Bauch war er kitzelig, also streichelten sie ihn auch da, bis er quiekend davonrannte. Gerne wären sie mit ihm spazieren gegangen, aber dann würde ihn ja jeder sehen. Natürlich fütterten sie Zorro auch. Mit altem Brot und Gemüse und Obst und manchmal auch mit Hundefutter aus der Dose. Zorro fraß alles.

Vermutlich fütterte Opa ihn auch, denn er wurde immer größer und dicker. Schon nach einer Woche war er fast zu groß für den Käfig.

»Kinder, wir müssen reden«, sagte Opa Jolle am nächsten Samstag.

Filiz seufzte. Natürlich hatte Opa Jolle gemerkt, dass Zorro kein Hund war. Bestimmt wollte er den Drachen jetzt in den Zoo schicken.

»Zorro ist zu groß für den Zwinger«, murmelte Opa Jolle. »Habt ihr eine Idee, was wir jetzt machen sollen? So ein großer Junge wie er kann doch nicht immer im Käfig hocken. Er muss Platz haben und fliegen und so.«

Leon und Filiz nickten. Da hörten sie Schritte.

»Hab ich's mir doch gedacht!«, rief Filiz' Papa wütend. »Ihr habt Opa Jolle einen Hund angeschleppt, richtig? Wir können aber keinen Hund halten. Und Opa Jolle auch nicht.« Er stemmte die Hände in die Hüften und machte ein strenges Gesicht. Genauso wie Filiz' Mama und Leons Eltern, die ebenfalls den Gartenweg entlangkamen.

Dann wurden aus den strengen Gesichtern plötzlich verwunderte Gesichter. Und dann verwirrte und dann erschrockene.

»Was ist denn das?«, rief Leons Mama.

»Ein Drache«, erklärte Leon stolz. »Er heißt Zorro.«

Es dauerte eine Weile, bis alle Mamas und Papas es wirklich glaubten, aber dann saßen sie um den Drachen herum und streichelten und kitzelten ihn. Alle mochten ihn. Na klar, dachte Filiz.

Nun überlegten sie alle zusammen, was mit dem Drachen geschehen sollte.

»Muss er in den Zoo?«, fragte Leon ängstlich.

Nein, das wollte keiner. Aber bei Opa wurde es auch zu eng. Da fiel Filiz' Papa etwas ein.

»Ich habe einen Brieffreund, Marko, der lebt auf einer einsamen kleinen Insel in der Ostsee«, erzählte er. »Der könnte bestimmt ein Haustier gebrauchen. Da sieht keiner den Drachen, und dann will ihn auch keiner in den Zoo stecken. Einverstanden?«

Alle waren einverstanden. Sogar Zorro wedelte mit dem Schwanz. Nun musste jeder helfen. Papa rief Marko an, der erst überrascht war, dann aber fröhlich zusagte. Leons Mama organisierte einen großen Laster. Und am dritten Samstag schoben sie Zorro in den Lastwagen und fuhren alle zusammen quer durch das Land zur Ostsee. Leider gab es kein großes Schiff, das zu der kleinen Insel fuhr, aber da hatte Filiz wieder eine Idee: Zorro konnte doch fliegen!

Sie warteten, bis es dunkel war, dann fuhren sie mit einem Motorboot zur Insel. Zorro flog einfach hinterher.

Marko und Zorro freundeten sich sofort an. Nach nur zwei Äpfeln schleckte Zorro Marko die Hand ab. Noch eine Möhre und drei Brötchen später kuschelte Zorro mit ihm und schmiegte sich beim Lagerfeuer dicht an sein neues Herrchen.

Leon und Filiz streichelten Zorro traurig.

»Natürlich müsst ihr jede Ferien zu Besuch kommen«, sagte Marko. »Ich brauche schließlich Hilfe beim Erziehen.«

»Beim Erziehen?«, fragte Filiz erstaunt.

»Natürlich«, fand Marko. »Wir müssen ihm doch beibringen, wie er sich selbst Fische im Meer fängt. So viel, wie der futtert, kann ich gar nicht kaufen!«

Da lachten alle. Und Filiz und Leon waren nicht mehr ganz so traurig. Denn es dauerte schließlich nur noch vier Samstage, bis die großen Ferien anfingen.

Lucia und das geheime Leuchten in der Tiefsee

8 Minuten

Es war ein warmer Sommertag, als Lucia am Strand entlangspazierte. Sie stapfte mit den Füßen durch die kleinen Schaumwellen und suchte nach Muscheln. Über ihr kreischten die Möwen, und sie hörte die Menschen am Strand sprechen und lachen.

Lucia ging noch ein bisschen weiter, und auf einmal war es still. Ganz still. Verwundert blickte Lucia auf. Um sie herum hatte sich eine Blase gebildet. Eine riesige Seifenblase! Lucia schaute sich um, doch nirgendwo war ein Zauberer

oder ein Clown zu sehen, der Scherze mit ihr machte. Auch die anderen Leute schienen nichts Ungewöhnliches zu entdecken. Vorsichtig stupste Lucia gegen die grün schillernde Wand. Ob die Blase nun platzte? Nein, sie ließ sich sogar eindrücken wie ein Luftballon. Lucia lächelte.

»Und was kommt nun?«, fragte sie laut. Sie setzte sich auf den Boden. Dabei merkte sie, dass kein Wasser in der Blase war. Lucia kicherte. Sie steckte in einer riesigen Lucia-Blase. Da schwamm die Blase los. Unter sich konnte Lucia das Wasser und den Sandboden sehen. Bald wurde das Wasser tiefer, und Lucia konnte auch kleine Fische entdecken. Dann tauchte die Blase unter.

Lucia kam das kein bisschen seltsam vor. Sie saß eben in einer Blase und tauchte jetzt wie in einem U-Boot ins Meer. Na und?

Zuerst flitzten nur ein paar Fische um Lucia herum. Dann sah sie auch Schwärme gelber Quallen, größere Fische und sogar einen Kraken. Sie schwamm an mächtigen Felsen und gewaltigen schwarzen Miesmuschelbänken vorbei. Nach einer Weile tauchte die Blase noch tiefer. Hier wurde es dunkel. Lucia strengte ihre Augen an, um mehr zu sehen. Aber es war eine Zeit lang stockduster. Erst nach einer Ewigkeit konnte Lucia wieder Licht sehen.

»Licht? So tief unter Wasser?«, murmelte Lucia. »Ob das eine Baustelle ist? Oder ein Forschungslabor?«

Doch dann erkannte sie, was es wirklich war: ein wunderschönes und prächtiges Unterwasserschloss. Seine

8 Minuten

blauen Mauern strahlten so hell, dass alles um das Schloss herum erleuchtet wurde. Grün schimmerten die Dächer, hell glitzerten Fensterläden und Türen, alles war mit Diamanten und Edelsteinen besetzt. Das Schloss war unglaublich groß. Sieben Türme ragten ins dunkle Meer hinauf. Dunkelgrüne Algen rankten an den Mauern empor, und wunderschöne Blüten in allen Farben wuchsen aus jeder Ritze.

Das, was Lucia jedoch am meisten begeisterte, waren die vielen grünblauen Wesen, die überall herumschwammen: Meerjungfrauen! Und Meerjungmänner natürlich. Oder wie

auch immer die hießen. Die Schuppen ihrer langen Fischschwänze glänzten silbergrün, ihre Haut war hellblau, und ihre Haare leuchteten silbern, grün oder blau. Bald erkannte Lucia, dass die Mädchen grüne Haare hatten und die Jungen blaue. Die Wesen mit den silbernen Haaren wirkten alle ruhiger und besonnener – und hatten hier und da eine Falte im Gesicht. Sicher waren das die älteren Meerwesen. Fasziniert beobachtete Lucia, wie schnell sie alle schwimmen konnten.

Eine kleine Meerjungfrau entdeckte Lucia schließlich. Vorsichtig schwamm sie näher. Sie öffnete den Mund, sicher sagte sie etwas, aber Lucia konnte in ihrer Blase nichts hören. Sie zuckte mit den Schultern und lächelte freundlich.

8 Minuten

Das Mädchen lächelte zurück. Sanft legte sie ihre Hand gegen die durchsichtige Wand der Blase. Die Hand war blau und kleiner als Lucias. Zwischen den Fingerchen spannten sich dünne Schwimmhäute. Lucia hob ihre Hand und legte sie auch an die Wand. Genau gegen die kleine Meerjungfrauenhand. Das Mädchen lachte. Dann schwamm sie um Lucias Blase herum. Sie nahm Schwung und schob die große Luftkugel Richtung Schloss.

»Wo bringst du mich denn hin?«, flüsterte Lucia.

Sie bekam natürlich keine Antwort. Aber sie merkte bald, dass das Mädchen sie ins Schloss schob. Schon durchquerten sie das erste Tor. Dann folgte eine große Eingangstür, und schließlich schwebte Lucias Blase durch die langen Flure des königlichen Palasts. Lucia staunte. An den Wänden hingen große Gemälde mit wunderhübschen Meerjungfrauen. Auch würdevolle Meerkönige und -königinnen waren zu sehen. Durch manche Tür konnte Lucia in die Räume spähen und entdeckte herrliche Zimmer voller zauberhafter Möbel aus Muscheln und Steinen. An jeder Ecke glitzerte es golden und silbern. Überall wuselten kleine Krebse und Quallen herum. Es sah aus, als würden sie die Böden und Möbel im Schloss putzen und wischen.

»Kleine Meerputzmänner«, murmelte Lucia kichernd.

Dann schob das Meermädchen sie in einen großen, hellen Raum. Hier war alles rosa. Rosa Wände, eine rosa Decke und ein riesiges dunkelrosa Himmelbett. Silberne Sterne hingen von der Decke, vor den Fenstern wogen Algenpflan-

zen sanft in der Strömung hin und her. Es war wunderschön. Lucia seufzte.

Das Meermädchen schwamm vor ihr Gesicht, zeigte im Zimmer herum und sah Lucia dann fragend an.

»Das ist dein Zimmer, ja?«, vermutete Lucia. »Es ist so hübsch!« Lucia winkte mit den Händen, lächelte und staunte.

Das Mädchen verbeugte sich dankbar. Sie freute sich offenbar, dass Lucia ihr Zimmer gefiel. Da entdeckte Lucia plötzlich die kleine silberne Krone in ihrem Haar.

Eine Krone?

»Ach, du liebes bisschen, du bist eine Prinzessin«, rief Lucia. »Eine echte Meerprinzessin!«

Lachend nahm das Meermädchen die Krone vom Kopf. Sicher hatte sie Lucias erstauntes Gesicht gesehen. Sie hob die Krone hoch und stellte sie genau über Lucia auf die Blase. Sie kicherten.

Plötzlich gab es einen Ruck. Die Blase bewegte sich: Lucia drehte sich um. Zwei furchterregend aussehende Schwertfische schoben die Blase aus dem Zimmer. Die Meerprinzessin winkte und versuchte, ihr zu folgen, aber ein dritter Schwertfisch hielt sie zurück. Lucia winkte und warf ihr schnell eine Kusshand zu.

8 Minuten

Die Schwertfische blickten streng geradeaus. Sicher waren das die königlichen Wachen. Sie schoben die Blase die Flure entlang und zur Schlosstür hinaus. Offenbar durfte eine Meerprinzessin keinen Menschenmädchenbesuch haben. Die Schwertfische gaben der Blase einen kräftigen Stoß nach oben, und schon trieb Lucia aufwärts.

»Schade«, seufzte Lucia. Sie schaute nach unten. Kleiner und kleiner wurde das blaue Schloss, bald konnte Lucia das helle Leuchten nicht mehr sehen. Es wurde dunkel um sie herum. Zügig ging die Fahrt voran. Endlich wurde es wieder heller, und Lucia entdeckte bunte Fische und wieder die gelben Quallen. Das Sonnenlicht drang durchs Wasser, und Lucia spürte, dass es die Blase wärmte. Sie hatte gar nicht gemerkt, wie kalt es dort unten gewesen war. Immer sonniger wurde das Wasser, dann tauchte die Blase mit einem PLOPP aus dem Wasser auf.

Vor sich sah Lucia den Strand. Langsam schwamm die Blase darauf zu. Als die Blase den Sand berührte, platzte sie. WITSCH! Etwas Hartes fiel auf Lucias Kopf.

»Aua!«, rief Lucia und fasste sich ins Haar.

»Aber, das ist ja …« Lucia strahlte. Es war die silberne Krone der Meerprinzessin, die noch auf der Blase gelegen hatte und Lucia beim Platzen auf den Kopf gefallen war.

Lucia sah sie eine Weile verzückt an. Vorsichtig strich sie mit den Fingern über die vielen kleinen Edelsteine. Aber natürlich kann eine Prinzessin nicht ohne ihre Krone sein, das wusste auch Lucia. Sie drehte sich um, holte weit aus und wollte die Krone gerade ins Meer werfen, da zwickte sie etwas in den Zeh.

»Autsch, das kitzelt«, rief sie kichernd.

Ein Krebs zappelte vor ihr im Wasser. Er streckte seine große Greifzange nach oben aus. Lucia sah ihn erstaunt an. Dann wusste sie, was er wollte.

»Du bist sicher aus dem Schloss?«, flüsterte sie.

Vorsichtig reichte sie ihm die Krone. Der Krebs packte sie rasch, aber sanft mit seiner Zange und zuckelte seitwärts ins Wasser. Dann hielt er kurz inne, winkte noch einmal und verschwand in den Wellen.

Lucia schüttelte lachend den Kopf. Was für ein verrücktes Abenteuer!

8 Minuten

Sandra Grimm, wurde 1974 in einem kleinen norddeutschen Dorf geboren. Das Fernweh trieb sie in verschiedene Städte, um Diplompädagogik zu studieren und zu arbeiten. Dabei hat sie unzählige spannende Geschichten gesammelt und viele tolle Kinder kennengelernt. Inzwischen lebt sie mit ihrer Familie wieder in Norddeutschland, wo sie als freie Autorin und Lektorin arbeitet.

Barbara Korthues, geboren 1971, studierte Visuelle Kommunikation in Münster. Seit 1996 lebt und arbeitet sie als freie Illustratorin in Stuttgart und hat bereits zahlreiche Kinderbücher illustriert.

Die schönsten Vorlesegeschichten, auf die Minute!

ISBN 978-3-7514-0018-3
Ab 3 Jahren

ISBN 978-3-7707-0160-5
Ab 4 Jahren

ISBN 978-3-7514-0022-0
Ab 3 Jahren

ISBN 978-3-7514-0023-7
Ab 3 Jahren

ISBN 978-3-7514-0046-6
Ab 3 Jahren

ISBN 978-3-7707-0087-5
Ab 3 Jahren

Weitere Informationen unter **www.ellermann.de**

Magische Minuten mit Abenteurern und Entdeckern

Sandra Grimm
RITTER & PIRATEN AUF
WILDEN KAPERFAHRTEN
3-5-8 Minutengeschichten
Einband und farbige Illustrationen
von Barbara Korthues
Ab 3 Jahren · 144 Seiten
ISBN 978-3-7514-0022-0

Ritter Roastbeef und sein Esel Remoulade gewinnen mit List und Mut ihr erstes Ritterturnier. Piratin Piranha stößt bei ihrer Schatzsuche auf ein grünes Monster und die Soldaten der murmelesischen Königin kämpfen gegen gefährliche Pups-Piraten. Hier findet jeder seinen Lieblingshelden. *Und das Besondere:* Kinder und Eltern können sich vorher aussuchen, ob sie drei, fünf oder acht Minuten vorlesen möchten!

Weitere Informationen unter **www.ellermann.de**